花開並蒂

童山題耑

周策縱・王潤華・徐世澤
邱燮友・胡爾泰・徐國能　◎合著

花開並蒂序

邱燮友

一、詩與詩人

> 淑氣吹開千彩筆，
> 詩家激發百花香。

春天來了，詩人應律觸動彩筆，寫下一首首動人的詩篇，如同淑氣吹開百花，每一首詩，便是一朵春花，帶來無比生命的芬芳。

詩是一切文學的泉源，詩人便是詩的創造者；也是歷代文學的推手。從詩歌中，記錄下人們生活的經歷和遭遇，激發出人們生命的活力，用智慧探測未來的希望。因此詩歌猶如歷史一樣的真，詩人用詩歌探測心靈的慰藉，他也像思想家、理想家，用詩歌彩繪人間的美善。

二、詩歌的意涵與時代俱進

詩歌具有兩大要素：其一是情意構成的意義性；其一是詩言旋律構成的音樂性，前者是辭情，後者是聲情。詩歌的

演進，隨人類的發展，與時俱進。從周秦時代（1066～206B.C）的四言詩，演變成漢代（206B.C.～220A.D.）五七言的古體詩和合樂的樂府詩，直到唐代（618～906A.D.）更加入精短的絕句和律詩謂之近體詩，於是古體詩、樂府詩、近體詩同時發展，成為唐代詩歌的黃金時代，繼而由齊言的詩，衍化成長短句的詞曲，歷宋元明清（960～1912A.D.），隨詩歌的長河，各體各代均有豐盛的作品傳世。

隨白話的流行，詩歌也有時調曲和白話詩，在民國八年（1919A.D.）新文藝運動，開創白話的新體詩，稱之為「新詩」，對先前流行的傳統詩稱為「舊詩」，加以排斥，於是有新舊之爭，相互攻伐。然而隨時代的演進，舊詩稱為「傳統詩」或「古典詩」，新詩稱為「白話詩」或「現代詩」，已各自發展，不再排斥，由於多元化的時代，這兩種詩體，已相互融合，並駕齊驅，不再攻伐，並彼此相互尊重，均為中華詩學的重要主體。

詩人更是時代的先導者，只有向前走，向前看，因此詩人寫古典詩，同時也寫現代詩，我們為證明詩人是時代的領頭羊，已將兩大詩體融和，肯定各自存在的價值，他們左手寫古典詩，右手寫現代詩，像這樣的詩人很多，目前我們結合了六位詩人，包括周策縱、王潤華、徐世澤、胡爾泰、徐國能和我，每人各選古典詩、現代詩若干首，合印成一部詩集，名為《花開並蒂》。

三、詩歌的多元化與世界觀

　　近代德國哲學家海德格（Martin Heidegger）的《詩，語言，思想》（*Poetry, Language, Thought*）一書中，他說：「一切冥想的思都是詩，一切創作的詩都是思。」又說：「藝術的本性是詩，詩的本性都是真理的建立。」今日的詩人都具有本土性和世界觀，他們創作的詩歌，也具有獨特性和多元化。

　　在《花開並蒂》中的作者，首先要介紹的是周策縱教授（1916～2007），他是旅美學者和詩人，在哈佛大學和威斯康辛大學任教，他的古典詩和現代詩，是由王潤華教授提供的。王潤華是周策縱的學生，他在威斯康辛進修博士學位時，論文的題目是《司空圖及其詩論研究》，指導教授便是周策縱。周策縱經歷過新文藝運動，又醉心於古典文學，因此古典詩和現代詩的創作不曾間斷。由於他長期在美國教授中國文學，在時空的交錯中，他的詩，猶如植物品種的改良，根植於中國文學的根幹，接枝於西方文學的枝葉，開出中西新品種的花果。就如他的〈車時有作〉其七：

　　檢點山川意未平，太空時代記前生。
　　油亭車館西洋路，茅店雞聲故國情。

　　王潤華教授研究古典詩學，創作現代詩，因此在周策縱

教授作品之後，附錄了他的現代詩十首，師生詩歌對映，稱為美談。

其次是徐世澤醫師，他在榮總行醫，退休後仍熱愛中國詩歌，無論古典詩或現代詩，信手拈來，都成佳篇。他以醫救人，卻以詩救世，對現代社會或世界各地的人文景觀，以現代語入篇，紀錄下六十四國的遊蹤，以環保、養生的觀念，健遊詠懷的心境，開創老樹新花的並蒂詩。

其次是筆者本人，從小熱愛詩歌，任教上庠，已歷半世紀，都以宣揚中華詩教為己任，對新詩或古典詩的創作，雙管齊下，尤其對各地的人文山水遊記詩，情有所獨鍾，詩風帶有詩歌的率真，樸質的民歌特色，足跡所到，都有詩為證。

其次是胡爾泰教授本名其德，他是史學教授，也熱愛詩學，證明自古以來，文史不分家的途徑，是一條值得發揚的道路。他兼通英、法、德、日等諸國語文，左手寫史，右手寫詩，詩兼古今。他的詩從日常生活中轉化出來，將奇思妙想點鐵成金成為詩篇，悠遊詩國，視富貴如浮雲，視浮名如草芥，具有詩人的特質，詩歌作品，亦如其人。

其次是徐國能教授，他在這群詩人中，年紀最輕，本部詩集的排列，是依齒為序。詩歌的成就和特色，並不因年紀的大小而有所改變。他在台師大任教，講授古典詩和現代詩，甚得學生的愛戴，為人處世謙和恭讓，具有中國儒家詩人的風格，他不停發表他的新作，展現無窮的奇思默想，帶

來清新的氣息。就如同他的〈秋興〉所云:「我的詩不爲誰而寫,不爲詩留下滿手的秋風。」

四、四季和風催花序

在這群詩人中,各自展示多元化的生活和遭遇,無論處境如何,都坦然用詩歌以對;詩的慧眼,有它獨特的世界觀,沈思過去,面對現在,迎向未來,猶如大地中的花樹,迎接四季的風,開出璀燦的花序。

2009.2.10

目次

作 者 簡 介

周策縱 簡介

周 策縱教授爲著名歷史學
家、漢學家、紅學家及
詩人。一九一六年生於湖南祁
陽。美國密西根大學哲學博
士，香港浸會大學榮譽文學博
士。先後任哈佛大學訪問學者、研究員，哈佛及哥倫比亞
大學榮譽研究員，威斯康辛大學東亞語言文學系教授、系
主任，兼歷史系教授。周教授被國際學術界公認爲文學理
論、詩詞考評、經典新釋、紅學、古文字學、史學、中西
文化等研究的權威，學術著作等身，其英文《五四運動
史》，《紅樓夢案》等著作，爲經典之作。周教授也是著
名書法家及詩人，其在新詩及舊體詩詞上的創作有巨大的
成就，已出版者有《白玉詞》（自印本，1991），《周策
縱舊詩存》（香港：匯智出版社，2006）及《胡說草：周
策蹤新詩全集》（臺北：文史哲，2008）。

新　詩

古　典　詩

花開並蒂

周策縱教授的
舊詩詞與新詩導讀

王潤華（元智大學國際語文中心主任）

　　寫詩對漢學大師周策縱教授（1916-2007）來說，是延續五四新詩未完成的革命，繼續革新舊詩詞，創造舊詩詞的新境界。一九四八年離開中國前往美國以後，周教授的新舊詩詞的創作從不間斷，發表在世界各地報刊雜誌上。已出版的詞集有自印本《白玉詞》（1991）、舊詩全集有《周策縱舊詩存》（香港：匯智出版社，2006），新詩有《胡說草：周策縱新詩全集》（臺北：文史哲，2008）。

　　周策縱教授最早的新詩〈竹〉，寫於一九三○年，才十四歲，一出手，意象就不凡，發揮了毛筆下的書法與繪畫的中華文化的想像空間：

巨筆揮灑向天空

畫一幅潑墨雲霧

餘瀋一滴一滴成雨水

淅瀝地溜下來

黏不住翠綠的枝葉

挨在又圓又潤又藍又明之間過活

忽然，忽然，泥地上

無數纖纖的筆尖也上伸　上伸

都爭先要奔向藍天

趁著春訊，猛可裡抖出去趣

（一九三○年三月于祁陽大營市竹山灣）

最後一首詩寫於二○○三年，在這些作品裡，從自由詩、格
律詩、象徵、現代主義詩歌，甚至後現代詩歌，幾乎都可以
找到典範性的作品，所以《胡說草》是一部新詩發展史。洛
夫說〈讀書〉（1992）那首詩，是通過「一陣調侃，一種深
沉的反思，處理手法，頗有『後現代』的趣味。」余光中對
周策縱的〈海峽〉（1996）這首詩讀了敬佩不已，因為「意
象逼人」，他還說「匠心獨造，老來得詩而有句如此，可佩
也。」又說：「此詩風格清俊，深入淺出，饒有知性，可以
上追馮至、卞之琳、辛笛。」
　　周教授在生前就自己編好舊詩全集《周策縱舊詩存》，
並親自將作品分成八集，
〈一〉初蕾草（一九二九至一九四七）
〈二〉去國草（一九四八至一九五二）
〈三〉每悔草（一九五三至一九五五）
〈四〉啼笑草（一九五六至一九六二）
〈五〉教棲草（一九六三至一九七二）

〈六〉風雪草（一九七三至一九七九）

〈七〉拈紅草（一九八○至一九八四）

〈八〉春晚草（一九八五至現在）

　　周策縱最早的作品寫於一九二九年，那時才他十三歲，最後的作品有二○○三年。周教授寫詩的歷史使命感、藝術自覺性之高，很少人可比。他寫舊詩詞是爲了藝術文化之創新，絕不是應酬之作。上述的三本新舊詩詞可看出，周教授是在浪漫詩歌、現代主義詩歌、中國古代詩詞傳統三勢力衝擊下，企圖爲中國詩歌創新境界，所以他把整個生命交給詩。以舊詩詞來說，初中開始時認眞地寫、赴美國的輪船中寫詩，一直到生命最後一刻。

　　周策縱從一九四八年自我放逐美國之前開始寫作，一直到二○○七年逝世時，新舊詩從不間斷，雖然作品不多，通過語言變遷、跨中西政治文化、邊緣思考等建構了一種新的新詩學，我稱周策縱的這種獨特詩學爲「棄園詩學」。這種詩學具有放逐的、邊緣性的、離散華人族群、文化流變中產生的新感覺、新品種的古典與現代的中文詩歌。在一九七八年寫的舊詩〈風雪〉，其中前兩句「滿城都睡我猶醒，頓覺江山到戶庭」，〈移家四首〉之一寫「中北多天地，長林一望虛。移家小山下，冰雪是鄰居，」還有〈種樹〉（1985）「園中種樹種風雲，伴我無眠伴憶君。有約一生成爽約，當時悔不種微醺。」這些舊詩是邊緣的、離散華人的、跨文化的，從中心到邊緣不斷地進行轉化的新視野的產品。這些舊

詩讓美國中西部變成神話棄園，讓空間有意義。這是華人詩歌文化的轉向，帶來了新的演變方式及新視野。

我在〈周策縱：學術研究的新典範〉一文中曾指出，周教授另一項貢獻是其他重要國際學者所沒有的，就是鼓勵與推動文學創作。他與世界各地、各個世代的作家，從歐美、臺灣、香港、新加坡、大陸都保持密切的往來。一九五〇年代開始，由於中國大陸的政治，影響了文學的自然發展，他就積極參與美國華人的文學藝術運動。文學方面有白馬社，文化方面有《海外論壇》。他將自己與黃伯飛、盧飛白（李經）、艾山、唐德剛、心笛等一九四九年以後留居海外的詩人，看作負著繼承大陸五四以後白話詩的傳統的使命。「白馬社」詩人真不少，胡適（1891-1962）、顧獻樑（1914-1979）、唐德剛、周策縱、黃伯飛、艾山（林振述）、李經（盧飛白）、心笛（浦麗琳）、黃克孫、何靈琰等。詩人之外，還有吳納孫（鹿橋，1919 年－2002），他的名作《未央歌》就是在白馬社時期寫的。周文中也因為白馬社而搞起音樂，成為作曲家，蔡寶瑜很年輕就成為美國頂尖陶塑界人物。但以詩歌最為熱鬧，其作品的多樣化，形成一個詩壇。怪不得胡適認為白馬社是中國和台灣之外的第三個文學中心。周教授也帶動海外的舊詩詞的創作，《周策縱舊詩存》就是一本在一九五〇年代以後，在中國以外，尤其北美的中文舊詩詞的演變詩，毫無疑問的，也是最有創意的典範作品。

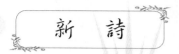

遊　興

我戴了黑色的眼鏡
來看這明艷的湖山
仲夏的綠林告訴了秋意
鵝黃的嫩草預示著凋殘

我戴了黑色的眼鏡
來訪這恬靜的翠湖
緋紅的火雲裡藏有風暴
湖水把淺藍笑成了惱怒

我帶了黑色的心境
與開花的伴侶同遊
歌聲唱著了我孩子時的夢
異國的風情吹起了鄉愁

　　——一九五五年七月三日中午作於密西根馬肯勞市（Mackinaw
　City）路上汽車中。

車　後

美國南部歧視黑人，交通車輛上只准他們坐在後面。

你是長住在車子的後頭麼？
不，不，
我工作時老在前面，
我是拉車的牲口，
開路的火車頭。

但你為什麼老坐在後面呢？
啊，你看反了，
我坐的是最前頭呀，
這車子不是在倒退
和反動麼？

　　　　——一九五六年三月六日晨二時，在密大到哈佛的火車上。

照相機

辛辛苦苦拖住時光
又記得多久呢？
只一剎那間的遲疑
在心坎裡劃條創傷。

一副面孔，又一副面孔，
願不願都得瞧，
本來要哭也裝做笑；
同樣接受了情輕情重！

　　　　——一九五八年八月。

落 荒

托爾斯泰臨終時叫道：「逃！逃！」

我大叫一聲「罷了！」
就向荒地裡跑。
荊棘刺破了我的腳，
梟鳥也沒把我喚回，
我要創造！

我拉住流浪的西風，
向牠央道：
「我有個故事，
您聽聽吧！
啊，您別跑……」

我孤獨地站在橋上，
對著落山的太陽，
牠那萬道金光
在水面錄音，
我對牠講，講……

——一九五八年十二月廿三日。

街　樹

街旁站著一株榆樹，

像久經訓練的老兵，

滿身帶著傷痕，

和同伴們整齊地排成行列。

文明的人類

砍去了牠一些不馴的肢體，

用從岩石出身的鐵絲束縛著牠，

在牠身邊豎著一根枯骨似的電線桿，

像是要給牠一個榜樣或威脅。

牠的腳跟

卻把周圍緊困住牠的水門汀

都拱裂開了，

爆發出不平的憤怒。

我挨近牠身邊時，

還聞到了牠粗獷的山林氣；

我輕輕拂拭掉牠腰間的灰塵，

看見牠蒼黑的皮膚上

還黏著一片嫩綠的蘚苔；

我髣髴看到了牠童年時

茁生在風雨飄飄的曠野裡

那秀拔不羈的姿態呢！

　　——一九五九年三月於哈佛。

無　題

黃昏時我打從
開滿梨花的院子前經過，
一扇朱紅的窗扉突然推開了，
露出一瓣婉麗的臉來，
一聲急促而清脆的銀鈴
叫著一個名字——
我向四周遠近一望，
都不見一絲人影。

——一九五九年春

太空人（自製「太空調」）

失去　重心　也沒有　塵慮

靈機　像星一樣　多

夢行者　騎上　夢想

泡沫　撞破　泡沫

遊魂般　向天頂　降落

為了　永遠的　追求

可充滿　空虛感

月光　不是伴

——一九六一年六月于麻州西牛頓。載《海外論壇》

年紀（前調）

咳咳，只有墳墓裡沒有
　　讓我翻個身的分。
慢慢地吹到一陣
　　微風，帶些霜花，
　　我不覺怎麼樣來了——

挨過紅色的笑聲，
　　紫色的刺心痛，
　　呆在折磨裡。

五 四

五四永遠是我們的，
五四在我們家裡。五四
點一把風，吹透懷仁堂。
聽天安門開花了，
心血灑上白玉桐階，
一星星石榴——
少年中國的五月花。
這裡敞開每一顆心的門，
自由之門，我們的國門，
條條大路通人民。
當家作主的石獅子
從圖書館，實驗室，
從教室和監獄，
從商店，從工廠，
到紫禁區，到一田翠綠，
萬言的腳步踏起抗議，
宣告愛國無罪。
便算有罰罷！話說
一切拿證據來，

花開並蒂

自適於人道與天道。

狂人翻一翻白眼，誰在

冷靜地看問題？

隻手把盤古

倒掛上疑問鉤，

把東風西風都放在天平上，

還有德先生和賽先生自己。

讓我們重新估一估秦權，

掘了威權的墳墓，

不能讓他開始，更沒有二世了。

這裡矗立起

新的學生新的士，

這故事要用白話來說，

這新潮定要

創造一個新文化嬰兒。

五四五四是將來。

——一九七九年四月。載《中國時報》（人間）副刊（民國六十六
年，一九七九年，四月二十八日），《新土》月刊第十期（一九
七九年五月一日，紐約），汪榮祖編《五四研究論文集》（台
北：聯經出版事業公司，民國六十八年，一九七九，五月）；
英文節譯見薇娜・史華慈《中國的啟蒙運動：一九一九年五四
運動的遺產和知識分子》（ *Vera Schwartcz, The Chinese
Enlightenment* ），加州大學出版社，一九八六年；亦載我的《五
四運動史》上冊（再版）（香港：明報出版社，一九九五年九月）

甲骨辭

笑我于三代以前，
一同來擺搖舞雲：
其自東來風？
其自西來風？
其自南來風？
其自北來風？
四季八方的風情
吟鑄成大九洲。
鳳翅龍掌摹
刻相思于山，于水，
點著十二朵芙蓉的願心
出水後綻開
我華夏之夢。
庚子夕，暈，王卜
于紫禁城罌粟香中，
不穫獸，沉萬玉于昆明湖。
庚子又卜東郊民，
紅燈照耀萬壽長廊，和
金鰲玉蝀橋美麗的空洞。

迄辛亥朔，龜山蛇山民呼，
逐鹿歧路，奠一杯酒！
向煙水茫茫而去。
黃昏，都督步自
外灘大邑商。
紙筆墨硯，龜與火，
一齊昂頭抗禱天安：
卜羅米修士，來日威權曷喪？
巴渝猿聲聽個不眠，
白雪蒼松為天地立志。
轟然，大火之後，弓矢于
兩岸，大紅花炮高聲
噼啪！噼啪！噼啪！
鬩爭于黃帝與蚩尤之間，
又一次天傾西北，地陷東南。
既死霸，外賓貞：天山之雪
抑大禹嶺之蝶？
向天問者，乃開花的口，
五千年後仍捏一把疑問：
無論青色紅色、或綠色湯武，
春草其受明年？

註：按甲骨文中有「其自東來雨？其自西來雨？其自南來雨？其自北來雨？」的卜問辭。此詩改用風字，特出東風、西風和北風（蘇聯）等。鴉片戰爭實起于庚子（一八四〇年）林則徐焚英鴉片船，英艦乃攻虎門。兩年後有江寧條約。又義和團事件亦起于庚子（一九〇〇年），八國聯軍乃攻北京東交民巷。又甲骨文中有「大邑商」（原指殷商的首都，此指上海外灘大都會的商業區）「賓貞」（賓乃貞人之名，此指「外賓」）「受年」（在甲骨文中指受豐年）。

──一九七九年十月二十日。載《聯合報》副刊（民國七十年，一九八一，五月七日）；選入《聯副三十年文學大系（詩卷）》《抒情傳統》（一九八二年六月）

胡　說

薛寶釵：「詩從胡說來。」(《紅樓夢》第四十八回)

我追逐一匹野獸，
她越跑越遠。
我心的鏡子卻看著她
越來越近，
威脅著迎面奔來。
我攤開兩臂去擁抱她，
砰一聲滿地繽紛
撒了她萬千頁美。
我血淋淋負傷
而去，「這一去，
一輩子也別來，
也別說話！」我永遠
永遠向萬千個方向
追逐。

我去挽一隻鳳凰，
她越飛越高，但我只見她飛向深淵
向我一潭止水撲來，

嬌破天驚
濺了滿空翠羽，
我浸解在五彩裡。

有一句話，
我不追到她
到我消滅不止。
「大正月裡，這些
沒要緊的惡誓、散話、歪話！」
為了她，我把
桂冠掛在那金榜上了嗎？
臨了，又怎麼樣！
我是得到了她
還是失去了她，和我呢？
我的野性，
我的文采，
我綠楊後面的皓月，
我整個世界。

註：《紅樓夢》第二十二回：
　　寶玉……說道：「……別人分明知道，不肯說出來，……」「我倒
　　是爲你，反爲出不是來了。我要有外心，立刻就化成灰，叫萬人踐
　　踏！」湘雲道：「大正月裡，少信嘴胡說，這些沒要緊的惡誓、散

話、歪話！說給那些小性兒、行動愛惱的人、會轄治你的人聽去，別叫我啐你！」

寶玉……自己轉身回房來。林黛玉見他去了。便知回思無趣，賭氣去了，一言也不曾發，不禁自己越發添了氣，便說道：「這一去，一輩子也別來，也別說話！」

　　——一九八二年十一月十八日。載《香港文學》創刊號（一九八
　　五年一月五日）又《聯合報》副刊。

狂　草

千里萬里千年萬年千馬萬馬
千絲萬絲千點萬點……
好一生的憤鬱衝破了
巴斯底，
日出月落，天門一開便是酒底天下，
五指驚蛇入草，呼嘯起
風雨，一陣呼嘯又一陣呼嘯，
一聲雷破一剎電閃，
蛟─龍─沒頭沒腦的，
雲生雲起雲來，雲釀了
一宇宙的黑，一心煙霧煙霧，
霧一首之白，一首
又一生，從頭活起橫豎活錯了，
打一個圈，一瀉又千里又千年，
這一鉤桀驁，不馴到此路不通，
黑白擁舞著星空大戰的電鞭，
全世界移民，熔鼎裡煮出
干將莫邪，看寶劍
這一招，你江湖也不豪傑，

唰一篇遠古的老話和窮鄉的土白，
錦瑟無端逗出了樓頭春雨，
內戰外戰屋都漏了，還要爭路，
還要虎臥鳳闕，從游龍戲鳳
直演到活捉三郎，
宮娥女掌銀燈引歸羅帳，
聽他言嚇得我⋯⋯鼕鼓點滴，
大峽谷噎氣，海以毛髮人立，
推翻，推翻九九五七一，
暴雨落得花鈿委地乃玉碎，
縱死在黃泉，一筆筆
都飛到九龍壁上
稱王稱霸，一分一合一文化，
一枝火箭寫透一幅朵雲天，
鎚爛一首七律一首長歌行，
八卦雨血，倉頡之鬼直發抖，
這一筆是個世界，
只有一個世界，然而
開花的都開，
會笑的都笑，
要哭的都哭，
想逃的就逃，

能動的都動，

不的也急急如律令，

嘻，這潑辣，這驚險，這不停……

　　　——一九八五年十月五日。載《香港文學》月刊第十三期，一週
　　　年紀念特大號（一九八六年一月五日）

送別哈雷彗星

你去時，留戀的裙帶
像去又不肯去，
殷紅的臉顯得慘白，
把如雪的衣裳都襯淡了。
三千萬里長的慧髮
也掩蓋不了時代底憂愁。
你從無來處來，不去處去，
他們總有一天能找到你老家。
你再來時我肯定會
以麻木的灰燼再迎接你，
嘆聲棄婦棄子，還別掃除我，
反正你來也不過是多此一舉，
每個流水的季節都有繼承，
像朝代，這又算得什麼呢！
我們只錯過一些兵馬俑
守護下的血淚遺事。而當你
再來，那必然是雛菊或
寒梅再開的時候，
要不然，你也許會

見到紫丁香，或者
清風裡的白蓮。牠們
依舊會鬱結著
你我昨夜的邂逅，
像災變一樣。

　　——一九八六年四月二十五日晨于陌地生棄園。載《聯合報》副
　　刊（民國七十五年，一九八六，五月二十六日）

象徵主義和客觀主義——新商籟

艾略特注重歐洲傳統的象徵主義，龐德和威廉士卻偏重客觀主義，美國後來年輕一輩詩人多習從客觀之說。然論者懷疑，若就詩言詩，兩說有什麼區別呢？

回音在石壁上
蓋了箇印，
石壁也把
回音蓋了箇印。
是風蕭易水的歌聲
還是田橫的大墓碑
留下了指紋呢？

女兒輕聲吻過
父親老皺的臉，
讓考古家發掘出
風和愛的化石來，
用碳素探測到遠古，
多少光年以前，
看女兒長回到童年。

——一九八七年五月二十三日清晨，于陌地生。載《聯合報》副刊（民國七十六年，一九八七，六月十四日，台北）。

白 橡

一九八八年春季，客座于史丹福大學，所寓校園窗外，盤「踞」巨大的白橡數株，如虯龍夭矯，爰有此作。

億萬年前早已落地生根
卻還攀住天空死不放手
鷦鵬也已棄巢而去了
難道還屑於攬雀尾麼

屈指
握拳
捏訣
騙著空氣虛晃一晃
把雲撕得稀爛
可惜抓不破霧
和時間，但反手一扣
就點了松鼠的寶穴
因為搜索乃儲藏之反
千手，卻非如來
也許從牧野
從特羅亞
直抓到白宮或紅場

或紫禁城的權
綠葉飄一隊越女蛾眉
春殿裡描頁頁青史
（當然，秋霜後該是
血淚的丹史罷）

月光侵入莊子的
椏檔之瘦腦浮一大白
狼藉縱橫的影子
就曚曨大醉了
肢幹伸癱到邊疆以外
沒遮攔地睡滿了一地
空白處像睜開白眼
乜斜著向蒼天
回覷自己──
這木中的巨象
不，這人的傳龍
還雄姿英發於白髮
朝朝暮暮，指日指月
只為了個
要

──一九八八年戊辰六月于加州史丹福。載《聯合文學》五十四
期（民國七十八年，一九八九，四月份，台北）

砍樹人

只要四百塊，老先生，
再不砍掉，那株年輕的海棠
給壓得悶氣，會不開花了。
一切一團糟，全怪這老傢伙。
看你庭前滿地枯枝落葉，
比你校書還更掃不盡啦!
　　不用不用，這螺絲錐柳樹麼，
　　是我親手栽培起來的。
　　二十五年了，夏天撐一把傘，
　　抗拒紅太陽，冬天擋風雪，
　　我總不能忘恩負義，過河
　　拆橋。老頭兒，這樹
　　太高太大了，你這把年紀
　　也砍不了，我看你又
　　斯斯文文，怎麼幹這門子事?

我會我會，我砍得纏靈快呢，
連根挖掉，連風雨都砍掉，
乾淨俐落，只要再加一百塊，

砍掉的都替你掃地出門，
一絲留戀也不留。只別讓
年輕人來砍，那纔浪費啊！
我在衙門裡管人事的時候
業餘興趣就是砍木頭。
有一天我砍出一根棒子，
年輕的同事們都眼巴巴望著它，
當年我找他們來，不是正要
他們來接它的麼，好像有人
要我去了纔能開花，我受不了
他們那餐館門前排隊的
焦等，趕快揖讓而退，
從此不擔心，好在
木頭疼了也不會哭。

　　你說連根拔，他們卻說
　　尋根。想起當年有心
　　插柳，它沒日沒夜地
　　伴我挨過了同樣的日子。
　　如今古銅色的皮膚抱著
　　鐵石，古拙得真盤古，
　　與其砍掉它，還不如

砍掉我罷。你底同事們
將來也會像你一樣
去砍樹謀生嗎？

不相干，樹老生蟲，人老無用，
你這樹也早已過了退休的年齡了。

可是你不是還有用麼？
門神老了還捉鬼哦！
海棠自己能開花，因為在
海外，綠色的老年永遠不會
老，謝謝你，救救老樹！

好罷，明年我再來給你砍，
要是我還能走動。

　　——一九八八年八月八日，大學大熱天于陌地生市、民遁路、棄
　　　園。載《聯合報》副刊（一九八八年九月二十二日）；又菲
　　　律濱，菲華藝文聯合會主編，「藝文」月刊，三十九期，
　　　《聯合日報》（一九八八年九月二十二日……）

秒

你在一滴水晶裡嚙嚼歷史

把我的命運推得的答的答地循環

一步一趨，一蹙一蹙即是回眸

使鴨雛的嫩黃沒入蕩羽的釉綠

一飛就橫渡過一片蘆雪，依然

凝止如洪荒之鬱藍

其長無延，其速無移

當銀燭高燒的一剎那，夜已酥了

她的嫣然一笑

恍然別有會心。即使想追憶，也只

打撈到驚嘆號最末那一點

　　　——一九八九年八月二十淩晨于陌地生之棄園（未曾發表）。

讀　書

他躺在牀上讀書
從甲骨文直讀到草書
把頭髮越讀越白了
他用手去摸一摸西施的笑
她噗哧一聲發嗔說
你當初為什麼不呢

他臉也紅了
頭髮也黑了
一頁又一頁
有人待在誰的黃金屋裡
只聽見格格的笑聲
再翻下去
是一陣哭泣
他趕快把書關了
可是頭髮越白越讀呢

鷺 鷥

我瞭望一縷一千年長的碧水
一眼就看見你
獨立在密西西比河的岸邊
低頭向水裡看魚
或者是看你自己的影子
忽然噗通一聲
把時空啄了起來
影子和魚都飛走了

回來十天後我想起你
獨立在密西西比河的岸邊
低頭向水裡看魚
或者是看你自己的影子
影子把時空啄了起來
和魚都飛走了
忽然噗通一聲
拖一縷一千年長的碧空

　　——一九九二年十月二十四日「聯合副刊」

編者按語：「讀書」一詩乃起興於「書中自有顏如玉，書中自有黃金屋」兩句俗諺，（縱按：舊傳係北宋眞宗〈勸學文〉中句，後成俗諺。）但一經詩人點撥，竟得轉化爲一片諧趣，一陣調侃，一種深沈的反思，處理手法頗有「後現代」的趣味。

「鷺鷥」則是對當下感覺的捕捉，所呈現的不僅僅是古典詩「詩中有畫」的意象世界，同時詩中的超現實手法，如：……

海峽十四行

當然都是可以載船或翻船的水
不料從這邊或那邊望去
卻總有點兒水土不服

波濤上晚霞拖一條血紅的繩
不知會牽出喜事還是喪事
總比在別人屋簷下還好些罷

這水，有些人是親自渡過的
有些人是父母親渡過的
當然也有些遠祖父母……
這樣就能造成海峽麼

反正水沒記性
魚又不是太史公
然而，回頭就是兩岸
難道該讓人比魚還滑頭嗎

————一九九六年五月二十五日《聯合報》

小評：海峽兩岸原是同一民族，只有先來後到之別，本無人種、文化之
　　　分。所謂「水土不服」，只是近半世紀的政治所造成。作者引用
　　　「水可載舟，亦可覆舟」之意，更益以喜事或喪事之變，來勸喻
　　　兩岸之人，用心很深。紅繩原可牽出喜產，但血紅的繩就未必
　　　了。這血紅的繩偏是晚霞所牽，意象逼人，匠心獨造，老來得詩
　　　而有句如此，可佩也。篇末以水與魚來與人比，指出人而忘本，
　　　將不如魚，又闖出一境。唯「滑頭」一句，稍顯俚俗，或可易
　　　之。

　　　此詩風格清俊，深入淺出，饒有知性，可以上追馮至、卞之琳、
　　　辛笛。所謂十四行，全無押韻，句法也不齊，甚至段式都呈「倒
　　　意大利體」，前六後八，另成一格（余光中）。

紅會

——爲第五屆「97北京國際紅樓夢研討會」作

這樣就會紅樓夢了
她用力打開——瓶脂抄本茅台

青娥青衫都面紅耳赤起來
為了誰做了什麼發癡
夏天裡的春天二首——《浣溪沙》：四月驚人雪壓庭。小
城風激動心玲。久看寒樹意垂青。

     天醉無言星月墮，夜窮多蘊幕簾沉。擁衾吟畔自娉
婷。

     ——一九九七年四月十二日于威斯康辛州陌地生市之棄園

夜

風沒來
它伸伸柔腰，卻
睡著了
在葉子鬱悶底下
透不過氣來
給露珠黏住
就回到泥土裡去了
靜默
失色于
墨綠

——一九九七年六月十九日夜之一

巨　大

我兩臂緊抱住它
它在我手臂之外
透露
一溢鬱消息
展自己
暗地
的
回憶

————一九九七年六月十九日夜之二。載《創世紀詩雜誌》季刊
（*The Epoch Poetry Quarterly*），112 期（台北，1997 年 10 月）

新加坡風雨

突然一陣驃悍
盪來如水的清涼。
海天傾瀉了麼？
但決不是外來者。
這風雨從心底出生，
卻也不限于華人之心。
在雞鳴不已的晦明間，
它驅散溽暑，
讓風雅作頌，讓巫的
神女行雲行雨，令詩更風騷。
可是小青蛙依然在池塘跳躍，
鳥園獸團和聖淘沙的
蝴蝶園更龍飛鳳舞，
虎虎大風隨新年而起。
而胡姬花和九重葛
開得越明眸皓齒，
扇形芭蕉不扇卻搖風，
當然雨樹是更雨了。
南洋的鳥獸草木和新華文學

都齊聲歡呼：

我們全是「新加坡風雨」的兒女

    ——戊寅孟春于美國加州旅次。華府號第二期（一九九八年六月）

    新加坡作家協會編。

西風

——爲廣東梅州林風眠李金髮百年冥誕紀念會作

西風捎來微雨，於是
　飄零的棄婦也回歸了
豈有文章驚食客呢

還從水彩覓春城之古墓
　祝福！祝福！度過荒年
就為了這幅詩畫而雕塑

　　　——二〇〇〇年六月九日夜深，于美國威斯康辛州陌地生市之棄
　　　園。（未正式發表過）

沒　有

月亮又來了

卻不見山影

因為沒有人的號角

　　——二〇〇〇年十月二十一日夜，于美國威斯康辛州陌地生市，

　　時年八十四。

「風箏」的感想

次女琴霓見到我的詩後，寄來她寫的英文詩Thoughts of the "Kite"。我試爲她譯成中文。

「風箏」的感想
航過艙口。
記憶的激情緊緊抓住
風箏的尾巴，當它
升到天空，
發現不熟識的西方
區域，落在地上，
張開新的眼睛看新的存在，
盯住一件美術品，
那件許久以前
有位聖人在上面銘刻了
一個變幻的遠見：
老朋友，老鄰居，
就是隔壁的人們，我們必須
努力去發現再發現。

　　　——一九八九年九月二十一日寫，九月二十七日譯

杜甫的秋天

並不是楓樹喝醉了自己
是我羞它
沒有扶蘇這一時代的憂患
所以山河花草都哭出血來了
長安街後面又一次奪權和護權
準是下了一盤必輸的棋
我曾經出入於名公冠冕之間
所以同事們舊雨都來
當我乞食京華時，當然今雨不來
朔漠的烽火已烤焦了石鯨的鱗甲
五更鼓角和江上漁歌
從巫山頂巔搖落了冷月
雖然四海八荒還喧鬧一片雲彩
昆明池卻早已長滿了蓬蒿
雖然我的殘年早已過了落花時節
耳朵只能想像到四鄰的幽咽
眼睛已看不清傾斜的北斗
我偏枯的手卻早已變成巨筆
我還用我蕭森的咳嗽

把淒風苦雨吹到

白帝城的廢殿，吹上

三峽的樓臺，像吹倒

我浣花溪畔的茅屋

我從干戈和涕淚裡去尋找妻子弟妹

懷念世人都說可殺的朋友

而我的詩書總研究不成劉向

我的夔門和長江已給虞信晃得顫巍巍的了

還有我船邊的湘水，一滴一滴

每一滴都擰出屈原來

望帝化成杜鵑來啼喚我

哀艷的湘靈灑淚來勸我

我啊，我決不能留，我不能不北望長安

那是我的少年和夢想

我的夜，我的墳，我的魂

長安是我的秋天

秋天就是我

我加秋天等於一，等於秋天

等於九十，等於長安

我的赤心就是紅葉

秋天把我燒了

於是我活了這一瞬

我成為上古，成為未來
落葉灑在夕陽上
一點怨聲也沒有

　　——一九九〇年十一月十四日清晨枕上，于美國威斯康辛陌地生
　　之棄園。載《聯合報》（聯合副刊），民國八十年五月二十二
　　日

子夜歌

一串明珠孤懸在
我們的時代裡
每一隻字都照暗了月亮
所以先前一片漆黑，後來
也無人懂得
遠遠的，曠野傳來
一絲淒冷的呼聲，正是
你最末的一行
然而變成夜的
是它，還是
因為那單身少女
吟了它呢

——一九九一年十二月十四日，于芝加哥至屋崙飛機上

工　具

對著你的慾望
我笑了一笑
不僅僅是歲月
也為了創新
或是詭計
磨啊，磨啊
腰肢瘦損了多少
該用那一年的
模型來
估價罷

舊了，老了，真不好了
本來是新的
就不該是老的嗎
中秋的月亮是老的
還是新的呢
難免都照到
溝渠裡
儼然琢玉雕龍

坐上太師椅
於今你好神氣啊

有一天，你也成了
別人的我，我
到垃圾堆裡
去和你的慾望
一同仰望
別人的慾望
於是我又笑了

——一九九一年十二月十四日，于陌地生至芝加哥飛機上

　　　　　　　　　　　　　　　花開並蒂

微雨　十四行

——爲新加坡「人與自然—環境文學」國際研討會作

濛濛的霧雨
悄悄地來了，
一歲半的小孫女
伸出雙手去盛它。

貓緊倚著玻璃窗，
時間動不了它，
一絲一毫。

蔥翠和水綠
依然是漢唐的草色，
卻生長于海外。

坐在岸邊的
白髮潤溼了的陶潛
背靠著春天，
眼睛和雲一道流去了。

　　——一九九八年十二月二十三日清晨，于美國加州阿巴尼市。新
　　　加坡作家協會編印《新華文學》，五卷二十一期（一九九九年
　　　三月），底封面。

哈佛書懷

其一

東山淋雨舊依依，海外音書望已微。

昨夜逢君原是夢，當時憐我卻無知。

曾經喪亂家終毀，已拼憂傷願盡違。

綠上枝頭春便老，杜鵑催客不如歸。

——一九五四年五月十日作於哈佛大學（18 Ware St., Apt 9,
Cambridge 38, Massachusetts）

其二

草草生涯事易忘，綠陰疑作隔年芳。

月圓每妒天尤遠，春到初嫌夜太長。

漫過女牆聞笑語，自燒詩稿避彷徨。

添憂更有升沉感，海外飄零醉後狂。

——一九五四年六月二日作於哈佛大學（18 Ware St., Apt 9,
Cambridge 38, Massachusetts）

談《紅》

開談一說《紅樓夢》，筆墨官司打不清。

我若不談誰會說，千秋功罪待誰評。

——一九五六年九月於波士頓

車時有作八首

一九六四年二月二至四日由波士頓獨自駕車至陌生地生威斯康辛大學，行一千二百英里，車中得句，往往遺忘，錄存八章。

其一

草色連天作赭青，吾車初過水牛城（Buffalo City）。

叢林枝亂纖於髮，曉日平原看雪明。

其二

紅樓白屋認農家，幾處牛羊傍樹斜。

倒影碧潭天寂寂，停雲終古發新花。

其三

日影能言樹有愁，亂雲無故下低丘。

時從近水遙天際，動看光陰路欲流。

其四

曾求煉獄老餘生，火上嬰兒鍛性靈。（古希臘神話言，有母托其
嬰兒於巫女，日以火薰之，藉堅其筋骨雲。）
亂世喧嘩欣一靜，車窗微裂聽風聲。

其五

絮白浮雲淺碧天，孤煙一抹競天然。
停車暫紀方來句，旁睨飛輪過十千。

其六

霧沒荒林野色酡，人家三兩倚微坡。
千鴉萬樹都飛逝，一路車聲過大河。

其七

檢點山川意未平，太空時代記前生。
油亭車館西洋路，茅店雞聲故國情。

注：沿途多與加油站往來，一宿紐約 Rochester 之 Meadows Motel，再宿
　　於印第安娜 Angola 之 Gateway Motel。輒憶三十年前大雪中祁、衡
　　道上客棧旅況。

其八

大野荒荒入杳冥，遐思漸遠益伶仃。

市聲忽與紅燈至，好句同車一霎停。

自題畫枇杷

初日黃金果，汪汪照眼明。

汁多脹欲裂，辛苦戀枯藤。

　　　　——一九六四年夏天於波士頓之棄園

移家四首

其一

中北多天地，長林一望虛。

移家小山下，冰雪是鄰居。

（中北謂美國 Midwest 區域，包括威斯康辛等州。）

其二

籬樹穿雲去，伺詹鳥二三。

坐看斜日靜，屮色似江南。

其三

犬吠人間遠，歸途入暝深。

偶然驚栗鼠，落葉動疏林。

其四

久客真如棄，江山忽有情。

燈前伴嬌女，未覺夜寒生。

——一九六五年十二月於陌地生市民遁路之棄園。

訪莎士比亞故居及墳墓所在地
（Stratford-upon-Avon）

其一

入蜀當年一願虛，錦城應訪浣花廬。

西風百髮滄江畔，來拜訪詩人少日居。

　　　　——一九六六年十月二十七日

其二

愛晚溪頭詩絕津，一泓秋水發清音。

淒涼最是詩人墓，永憶新詩不見人！

　　　　——一九六六年十月二十八日

雨中過貝多芬一首（有短跋）

風雨來過大匠門，千年無兩貝多芬；

吾詩血淚供牲祭，人憾天悲蕩客魂。

貝宅附近細巷曲折，園庭幽靜。民居常於屋畔露天點燭長坐，甕中滿盛葡萄酒，風來樹木蕭蕭作聲，如聞天樂。

　　——一九六六年十二月二十日於維納詩

陌地生四時即景

其一

新詩豈與古人爭，春水生時句自生；

門外乍啼依樹鳥，白蘋風急發鮮英。

其二

夏城花笑怒於潮，綠野奔騰水樣嬌。

更有小湖三四箇，鱸魚潑刺釣絲漂。

（湖中 White Bass 肥碩，一釣往往獲數十尾。）

其三

紅葉紅雲灩瀲明，秋心初起落花驚。

平林新陸添清澹，偶有江關激越情。

其四

湖光如月水如鉛，凍脆風聲影盡蜷。
冰雪與人爭活地，林梢白髮近吾年。

　　　——一九七二年十二月二十二日

自題山水畫

山水正如詩，存於心所之。
蒼茫天地闊，筆到昔遊時。

　　　——一九七四年元月十五日

風　雪

滿城都睡我猶醒，頓覺江山到戶庭。
無月無星唯有雪，迴風白雪兩堪聽。

　　　——一九七八年一月二十六夜，於陌地生

五四書懷六首

其一

萬馬飛騰五四風，自由處處發新蔥。
天安門外諸幡艷，九派思潮溯混濛。

其二

老國千年昧旦蘇，歐風美雨浸荒蕪。
權輿眾志悠悠口，喚起黃魂似火荼。

其三

大劫艱危來國土，重囚痼舊激籌鳴。
投醫每有緣情忌，德賽今猶待後生。

其四

罪言我亦落當時，攘臂相驚到豆箕。
往事蹉跎無可說，來茲焦望太空期。

其五

從古自強依作育，至今真富在求知。
百年以後誰思此？舊義新潮兩不移。

其六

五四風懷未老蒼，蹣跚國步少年場。
君看月落星疏夜，隱隱罡風起一方。

——一九七九年四月八日

加　減

莫嘆人間知己少，只因地下友增多；
算珠上下成加減，畢竟無歸盡渡河。

——一九八四年十二月六晨

種　樹

園中種樹種風雲，伴我無眠伴憶君。
有約一生成爽約，當時悔不種微醺。

——一九八五年九月二十八日晨三時

王潤華 簡介

王潤華，美國威斯康辛大學文學博士，前任新加坡作家協會主席及新加坡國立大學中文系教授兼主任、元智大學人社院院長、中語系主任，應中系主任，現任國際語文中心主任，為著名詩人及散文家，已出版著作很多，包括《內外集》、《熱帶雨林與殖民地》、《人文山水詩集》(詩集)、《榴槤滋味》、《把黑夜帶回家》等。學術著作有《魯迅小說新論》、《老舍小說新論》、《沈從文小說及理論新論》、《從新華文學到世界華文文學》、《華文後殖民文學》、《越界跨國文學解讀》等。

皮影戲

一把鋒利的刀，把牛皮剪成我的形體。另一把尖銳的鑽，雕刻成我凹凸的性格……我的鄉土，是一塊潔白的紗布……（傀儡的誕生）。

1 · 傀儡的誕生

一把鋒利的刀
把牛皮剪成我的形體
另一把尖銳的鑽
雕刻成我凹凸的性格

再繪上一些色彩
我便是人人愛好
會演會唱的傀儡

2 · 影子的家庭背景

我雖然是影子
　　只在神秘的夜晚演戲
我卻是光明的兒子
　　沒有燈光的普照，我就活不了
我的鄉土，如一塊潔白的紗布

在烏黑的社會，我會找不到自己

我從不在路上
　留下一個足跡
我常常唱動聽的歌
　卻沒有用自己的聲音
我在家的時候只是半面的側影
　在舞臺上卻表現立體

3・傀儡的自白

別以為
我喜歡鬥爭，常常
機智的為搶奪王位而戰
或者
多情的跟所羅門的公主戀愛

一根無形的線，分別繫在我的四肢上
我非常迷信，沒法子不接受這個命運的玩弄
一個躲藏在後台的老人
控制住我的喉嚨
要哭或要笑
全由他的聲音來決定

4．影子的下場

戲演完之後
如果你走進舞臺的後面
你會發現我們這些英雄美人
全是握在醜陋老人手中的傀儡

被玩弄過之後
我們的頭一個個被摘下來
身體整齊的被疊在一起
放在盒裡，而且用繩子紮緊
於是我們又像囚犯，耐心的等待
另一次的日出

————一九七七年於新加坡

面具小販

我每天站在街邊
一邊捏造，一邊販賣假面具
我的三輪車上
掛滿了英雄、奸臣、兇手、或美人
你可以自由選購
各種你崇拜或痛恨的典型人物

我用粗糙的草紙或舊報紙
和廉價的漿糊
模仿著每天街道上眾人的形象
製造了各式各樣的臉孔
有男有女
有的高貴，有的卑鄙
有的性感，有的豪放
不過都流著一樣的血統

小孩子和外國遊客最喜歡看
誕生前的一刻
三角臉、馬臉、小頭銳面

被我任意的玩弄在掌上
我的手指有時溫柔，有時粗暴
結果小白臉，大麻臉便在手指間出現
隨著愛和恨，富貴或貧窮的影響
他們臉上無奈的
呈現著喜怒哀樂

像播種前的種籽
我將一個個臉孔放在太陽下曝曬
而且塗抹上虛偽的顏料
再貼上便宜的價格

小孩子，你會辨認嗎？
黑色表現剛正
藍色是陰險的性格
白色後面藏著奸惡和卑賤
左邊那個是淫婦
右邊那個是貴人

但是
笑容並不象徵高興
哭泣並不表現悲哀

因為牠們都是假面具
我隨時隨意抄襲自
匆匆走過的

　　——一九八五九月新加坡

漂木上的落日

太陽下沉時
水手們在麻六甲海峽
觀看燦爛的晚霞
低頭發現
落日棲息在
一棵漂流中的枯樹上

整整一個黃昏
水手努力
把沉重的滔滔大浪
打撈起來

切開雪白的浪花
落日原是
死抱住大樹幹
奄奄一息
喃喃的向阿拉禱告
建造清真寺時
失蹤的印尼年輕人……

注：里紮爾・薩普拉是印尼阿齊的員警（20歲），2004年12月26日那
　　天，他幫忙建造回教堂（清眞寺）時，被海嘯沖到印度洋，在海上
　　8天，因死抱住一棵漂流的大樹而獲救。他漂流中依靠漂流的椰子
　　與與雨水維持生命。樹木與生長在海邊的椰子樹貨輪把他救起後，
　　送到馬來西亞巴生港。這是根據水手與他給員警的報告而寫。抱住
　　樹木，等於擁抱自然，象徵人類只有重回自然才能生存下去。2005
　　年寫於元智大學。

棄園詩抄之一：掃落葉記

聽說我離開棄園十二年
每年的落葉都留到第二年的春天
讓驚蟄後的野兔和松鼠去辦認
　　每一片葉子落自那一棵樹
讓白楊和橡樹上的綠葉看看
　　年老後的自己的顏色

當我們花了一個美麗的黃昏
打掃去年的落葉
我發現很多是我十二年前
告別棄園時踐踏過的
難道它們忍著腐爛等我回來掃？
於是我們將前六年的落葉
用來燒飯煮茶
近六年掉下的
留到晚上燒火取暖

突然主人放下懷素之筆
掃落葉的聲音使他感到不安

推開柴門，他驚訝的發現
原來覆蓋著秋葉的庭院
一片綠草像他的草書
有勁的紮根在大地上
在秋風中飛舞
　　　——寫於二○○四年台灣

　　　　　　　　　　　　　　　　　花開並蒂

棄園詩抄之二：掃雪記

據說我告別棄園十一年
每年的積雪到夏天都不會融解
棄園的夏蟲都知道冬雪的白
甚至秋鳥也感受過玄冰的冷

當我們掃除積雪
劍與冰相碰擊的尖銳聲
使我相信屋角的玄冰
曾在那裡冬眠了許多年

我雙手捧著陳年老雪回去煮茶
水沸騰時的浪潮聲
並沒有驚醒主人
也許他正夢到在園中種樹
竟種了滿樹的風雲
十年多來他把朱門深鎖著
只讓春風秋雨自由的進出

我和其他客人一邊喝茶

一邊跟坐在客廳四周的古董聊天
我偶然忘記外面世界的寒冷
唐朝的如來佛忘了主人還在睡覺
　　放肆的嘻嘻哈哈大笑
　　　——一九八五年十二月一日愛荷華

後記：棄園是我的老師周策縱教授在陌地生郊外民遁路的公館。今年參
加愛荷華大學的國際作家寫作計劃，因此有機會回去二次。第一次是十
月二十三日，和淡瑩、楊青矗、向陽、方梓同行。當時落葉滿地，但草
地仍然青綠，半個月後再度回去，大雪紛飛，景象與前次完全不同。

椰花酒

1・椰樹上的腳印

屠妖節的黃昏

走出興都神廟偶爾抬頭

我看見自己走過的道路

是一棵筆直的

高入雲霄的椰樹

巨大的腳印

一左一右的

深深烙在樹幹上

2・樹梢上的椰花酒

我每天把酒囊掛在腰上

沿著樹幹爬進雲霄

收集椰花釀好的美酒

隨著喝酒年齡的成長

這一條通向天堂的道路

卻愈來愈漫長

我要耐心的撥開雲霧

才能找到椰花酒

　　　　——一九九六年

集中營的檢查站

1 · 小學生

檢查站的英軍與馬來士兵

翻閱我的課本與作業

尋找不到米糧與藥物

便拷問我：

「華文書本為什麼特別重？

毛筆字為什麼怎麼黑？」

下午回家時

他們還要搜查我腦中的記憶

恐嚇我的影子

阻止他跟我回家

2 · 刺死黑影

黃昏以後

當羅哩車

經過山林曲折的公路回來

士兵忙亂的細心搜查

　　滿滿一車的黑暗

用軍刀刺死每一個影子

因為他們沒有身份證

　　　　　——一九九六年

拒絕殖民主義的紅毛丹樹

因為我家的紅毛丹樹與紅毛榴連樹
敢在紅毛人的槍炮下
拒絕殖民政府的賠償
不肯被連根拔起
像房屋被拆除後的柱子
粗暴的被拖上軍車
移置到鐵蒺藜包圍的集中營
由於他們堅持生長在河邊
結果山竹、番石榴、榴連、蓮霧
都為了自由的山居生活
留在荒蕪的故居遺址
與蕉風椰雨一起生長

————一九九七年

吞吃熱帶雨林的怪獸

——鐵船寫真集

1.

我小時候

爸爸帶我到河邊撒網捕魚

我喜歡了望近打平原上

一群銀色的大怪獸

低頭拚命翻動泥土

尋找地下的食物

它鋼鐵堅銳的口齒

每咬一口

土地便出現一個又深又大的洞

爸爸說：

「藏在地心的錫米

是它唯一的糧食」

2.

在中學地理課本上

我終於找到這些英國來的野獸

在殖民者的驅趕下

踐踏著馬來半島

饑餓的吞吃著熱帶雨林

橡膠園、椰林、香蕉和稻田

有時把南北公路也咬斷

小鎮、火車站整個吞噬肚裏

吐出的

一個個巨大的沙丘和湖泊

　　　——一九九六年一月二十三日愛荷華

訪魯迅故居

1.
整整一個下午
我站在且介亭門口
等待魯迅
踏著滿街的落葉回家

2.
吶喊之後
我開始感到彷徨
因為我疲倦的影子
吵著要離我而去

3.
路邊一株野草抬起頭
很有耐心的説：
這就是上海山陰路大陸新村九號
魯迅在這屋子裏
翻譯過《死靈魂》
寫了《花邊文學》、《且介亭雜文》

編選《中國新文學大系》小說二集
又寫完《故事新編》
在一九三六年十月十九日清晨
咳嗽、抽煙之後
便披衣出去散步

4.
我突然聽見
魯迅在樓上咳嗽
便立刻上一樓尋找
瞿秋白沒有匿藏在客房裏
魯迅臥房書桌上壓著一篇未完成的
「因太炎先生而想起的二三事」原稿
煙灰缸還發出美麗牌香煙的煙味
那枝傾斜立著的毛筆
聆聽了五十年樓梯的聲音
等待著魯迅回家寫完它

5.
我匆匆走進附近的內山書店
正在聊天的不是魯迅和內山完造先生
而是中國人民銀行的職員

他們正在點算鈔票
門口那棵法國梧桐告訴我：
它認識魯迅
如果他從山陰路回家即刻通知我

6.
我沿街向每一棵法國梧桐樹查問
它們都說
常常看見阿Q、閏土、祥林嫂等人經過
短須撇在唇上的魯迅
五十年來卻未曾出現過

7.
下午五點
在靜謐的虹口公園
我終於找到魯迅
他沉默的安坐在園中的石椅上
草木都枯黃了
只有他身上的綢袍還是那樣綠

注：一九八六年十一月一日訪上海魯迅故居、內山書店及魯迅墓之後
　　作。魯迅自稱這故居為且介亭，瞿秋白曾居樓上客房。內山書店原
　　址目前已改成銀行。

徐世澤 簡介

1993年，徐世澤先生獲頒教育部師教獎

江蘇東台（興化）人，一九二九年三月十三日生。國防醫學院醫學士、公共衛生學碩士，曾赴美、澳、紐等國考察研究，十四度代表出席世界詩人大會，足跡遍布六十四國。曾任醫院主任、秘書、副院長、院長、雜誌總編輯等。作品散見各報章雜誌，並列入世界詩人選集，出版中英對照《養生吟》詩集、《詩的五重奏》、《擁抱地球》（正字版、簡字版）、《翡翠詩帖》、《思邈詩草》、《新潮文伯》、《並蒂詩帖》及《健遊詠懷》（正字版、簡字版）等。

　　曾獲教育部詩教獎。現任中國詩人文化會副會長、《乾坤詩刊》社副社長、《源遠》雜誌編輯委員等。

新　詩

2000 年徐世澤先生在希臘世界詩人大會上朗誦詩歌

古 典 詩

老樹新花並蒂開

徐世澤

　　一個屆臨退休的人，能學寫詩，可說是「老樹開新花」，而且能寫兩種不同的詩，這可勉強說是「花開並蒂」。兩者連接起來。正是一句合乎格律的古典詩，讀起來琅琅上口。這就是「老樹新花並蒂開」。

　　現在，我就談談「它」的來龍去脈。

　　我在高一時曾讀唐詩，學會平仄聲和押韻的常識，偶爾湊兩句，而奠定了四十年後學寫詩的基礎。進入醫學院後，功課繁重，已無讀詩寫詩的時間。直至 1988 年九月，工作較得心應手，且無壓力，才有閒暇學寫詩。《中央日報》、《新聞天地》等十三種報刊都登載過拙作。 1989 年六月起，拙詩常在《榮總人》上發表，同時《源遠》也增闢海外校友版，由於編輯使命繁重，職責所在，暇時必須多翻閱唐詩宋詞，藉以選寫新聞標題和一般文題，真是「一枝動而百枝搖」，模仿詩詞的格律湊幾句，可皆不上道，水平不高，竟也有人說好，對我非常勉勵。

　　最妙的，在台的幾位外籍教授和學生也喜歡看我的詩，因而詩壇前輩們推介我入「中國詩經研究會」，萬想不到會受輔仁大學教授 Dr. Zsoldos 的青睞，願為我校正英譯稿，

鼓勵我出專集《養生吟》（*Regimen*）。竟獲頒 1993 年教育部
「宏揚詩教」獎。

　　1994 年我屆臨退休，文藝界和我交往的人士漸多，學
習了寫詩的正確方法。1996 年，藍雲（劉炳彝）先生要辦
一份新（現代）和舊（古典）並存的《乾坤》詩刊，周伯乃
先生任社長，邀我任副社長。我掌握機會，每期都寫現代詩
和古典詩發表，旋即由潘皓教授、麥穗詩家等人帶我加入
「三月詩會」，每月第一個星期六集會一次，經過十餘位先進
的斧正（謔稱「修理」），現代詩漸漸地知道重視「意象營
造」、「詩的語言」，以及「感人的想像力」了。古典詩主編
林恭祖社長介紹我加入「春人詩社」，每兩個月集會一次，
時間是在單月的第三或第四個星期六。我的古典詩用字遣詞
與意境表達，經過方子丹教授和先進們的潤飾，漸漸地有
「詩味」了。2003 年，我自覺拙詩尚似乎有點模樣，敝帚自
珍，不妨收集成冊，以《思邈詩草》書名印行。我也經常參
加其他詩社和詩學會的活動，連世界詩人大會和全球漢詩研
討會，我也飄洋過海出席過，2006 年 11 月，竟被邀約出席
「首屆海峽詩詞筆會」。人頭慢慢混熟了，詩藝也眞的有進
展，《中華詩學》和《中華詩詞》也經常刊拙詩了。

　　《乾坤》詩刊愈辦愈進步，而新舊詩主編們閱稿也愈顯
嚴格。2005 年一月林正三會長特別推薦我向詩學大師張夢
機教授請益，張教授俯允爲拙詩推敲刪正，並正式授課。我
即將拙著《思邈詩草》及近作呈張教授核閱，他逐句逐字斧

正五百餘首，是以重刊一集，這才有《健遊詠懷》於2007年4月問世。使我增加推展詩教的能力。

《健遊詠懷》內容包含五絕、七絕、五律、七律等體，並依內容分為：「旅遊留影」、「休閒記趣」、「保健忠言」、「愛網柔聲」、「詠物寄意」、「時節萬象」、「感事抒懷」等七類，總計五百餘首。每首詩標示年代，藉以回憶當時靈感燃燒的滋味。真實記錄我由苦難中成長，茁壯的心靈軌跡，表達我對人生的感悟，對生命的熱愛，以及對古典詩舊瓶裝新酒的探討。桑榆晚景，能每天寫一點東西，留下一些詩篇，就像拍下一些彩照，讓生命真實地存在過。如此保持健康，多活幾年，那也值得。拙詩肯定禁不起大詩家、名詩人的青睞。但對初學寫古典詩者，或許可作一些參考。「保健忠言」類的詩，具有科學性、實用性及趣味性，可助人解憂療傷；「旅遊留影」類的詩，是我環遊世界64國親眼所見的寫真，特別插印一些彩圖，也可引人聯想遐思。

《健遊詠懷》蒙中央大學教授張夢機詩學大師熱心命名，並賜序言。台灣師範大學名教授名詩人邱燮友（童山）撰一人文記遊詩人徐世澤先生及其詩一為「健遊詠懷」集作序。現代詩名詩人麥穗先生惠賜宏文，古典詩大詩家宋哲生教授致賀，均使本詩集倍增光采。我生何幸，得此機遇，令我萬分感激。

此書深受中文系學生喜悅，行銷近一千冊。邱燮友教授要我再版，並列為〈大學參考用書〉，亦已於2008年8月發

行。

　　《乾坤》詩刊於 2007 年元月慶祝十週年，其發行人林煥彰先生為我出版《並蒂詩帖》。他戲說：我已年邁八旬，真像一棵老樹新花，且能並蒂開哩！

　　《並蒂詩帖》係以現代詩與古典詩兩種詩體，寫同一題目，有一點嘗試性質。詩題是多樣的，包括人、事、物、地。菲傭、志工、股票、檳榔西施、燒炭自殺、冰河、跨洲大橋、棉堡石棺等，都是親眼所見的寫真。初學寫現代詩或古典詩者，尤其是退休人員，讀來似稍有趣味，因為寫詩會快樂地活過八十歲，有人願意一試。

　　走筆至此，我更要感謝「三月詩會」、「春人詩社」及《乾坤》詩刊四十餘位先進審閱，得以順利付梓。午夜夢迴，這二十年來，一些人和事的大是大非，均已幻化泡影，惟有拙詩尚得留存。但不管朔風乍起，雪地仍顯印跡。春夢秋魅雖斷，藕絲殘痕猶存。拙詩已是這些印跡與殘痕。閒時可供咀嚼、回味，這正好證實了：有時詩如橄欖，回味無窮。而靈敏的讀者諸公，亦可從詩中的內涵，現代詩和古典詩並存的現實，多少可以領略到我當時寫這兩種詩體的心境和生命情態，渴望二者花開並蒂，共領風騷於新的二十一世紀。

2008 年 11 月 1 日完稿

環球旅遊

為了飽覽各國風光
鼓著風、披著雲、踩著浪
衝開一路浩浩蕩蕩
向天涯
繞著地球走
尋找驚奇和願望

我和各種不同的人群握手
越過北角、洛卡岬、好望角
火地島、阿拉斯加、三大洋
觀賞大冰河、大峽谷
大沙漠、大瀑布、鬥牛場
走遍熱帶雨林、鐘乳石洞
目睹北極光、午夜的太陽

飛翔、飛翔

向著水天一色的遠方
穿越瀰濃雲煙
依循規劃航向
周遊世界名勝古跡
如甘露傾注我身上

冰 河

藍天白雲，雪山綠水
深情地擁抱著你
我從萬里外來
探訪你這世間罕見的佳麗

直升機吻著你
傾聽你「咯咯」的低語
你悄悄地蓮步輕移
一瞬間，你卻發出
崩裂般的隆隆巨響
你是否在掙扎？

你身著藍白黑綠花衫
矗立在兩座雪山間
你只微微抖落了一點皮屑
便有刀山、劍壁出現
向四處投射

遊輪親近你的芳澤

發覺你更迷人
和煦的陽光照耀你
使你更美麗
有如彩虹在搖曳
眾人驚呼不已！

後記：余於 1995 年 9 月阿拉斯加破冰之旅、1997 年 2 月南極冰河之旅及
　　　7 月北歐之旅所見景象。

跨洲大橋

從遙遠的亞洲
伸出一隻手臂
和煦的陽光下
伸向對岸的歐洲

希臘人的手
握住了突厥人伸過來的手
幾塊感性的鋼板
連接海峽隔開的兩洲

大橋，交流著兩洲的思緒
從亞洲傳來
成吉思汗的牧歌
羅馬人的十字架被圓頂蓋壓住
可蘭經震得海水嘩嘩作響

（2000.9.4）

註：土耳其第一大都市伊斯坦堡博斯普魯斯海峽上，有一連接歐亞兩洲
　　的大橋，至為壯觀。

棉堡石棺

你曾經尊貴列入豪門
獨寢於高潔地域
斷垣石墩沒讓你失眠
棉堡美景不曾擾你清夢
遊客足跡增添了你的光榮

穿越兩千年狼煙烽火
覆蓋著傷痕淚跡
傲骨雖然不見
但仍令人憶起
當年石棺裡外的情景

註：棉堡是土耳其重要景點，其石棺係東羅馬帝國皇宮遺物，入葬之富
　　豪貴族屍骨已全無。

金字塔

上達天際的尖塔
巍然屹立
古往今來
只有你
餐風五十個世紀

聚巨石而成塔
沙漠上首屈一指
你是開羅的地標
古文明的象徵

歲月悠悠
站著
與天地同在
坐觀
駱駝在風沙中行走
遊人風風火火

（2000.9.10）

樂山大佛

仰慕祢　膜拜祢
不遠三千里而來
祢與山齊高
背負凌雲
腳踏三江

從棧道蜿蜒而下
繞過祢的胸膛走過祢的腳
抬頭仰望祢
眉宇非凡，慈祥莊嚴
縱然有著風吹雨打的斑剝

祢定坐在此已一千餘年
人們瞻仰的豈止是一種藝術
我的悵望卻是
苦難、空虛與無常

（2000.11.30）

後記：大佛坐像全高 71 公尺，寬 10 公尺，公元八世紀鑿雕。凌雲指凌
雲山。三江指岷江、青衣江及大渡河。棧道指凌雲棧道、九曲棧
道。佛足上可圍坐五十餘人。佛像上有剝落的斑痕。

南京日軍暴行紀念館

片片陰霾的「萬人坑」上
露出一截截白骨
駭人聽聞的「殺人」競賽聲
這血腥的文字入木三分
《拉貝日記》的五十二萬言
都可作為南京大屠殺的歷史見證

日本有人要抹煞這段歷史
南京長出遇難同胞紀念碑
三十萬腔怒血澆鑄了血淚史
《拉貝日記》也出鞘
擊出鏗鏘的回聲
讓新世紀的人睜大眼睛

註：約翰‧拉貝，1937年是德國西門子洋行駐中國總代表。日軍在南京
　　大屠殺時，他任南京國際安全區委員會主席，留有五十二萬餘言，
　　揭露了日軍的血腥暴行。

華南虎 (福建)

森林茂密的梅花山
像一顆綠色明珠
鑲崁在北回歸線上
我擠在吱吱喳喳的人群中
隔了一道三丈高的鐵絲網
向六隻老虎望了好久

牠們斑斕的面孔
和火焰似的眼睛
卻也在望著我
那又長又粗的尾巴
悠悠地拂動
健壯的腿直挺挺地站立著

突然，半空中伸展幾隻
彩色的翅膀
牠們騰空躍起比兩層樓還高
爭搶著半空飛來的羊腿
像閃電般的耀眼刺目

恍惚中
聽見一聲震山拔木的呼嘯
原來沒吃到羊腿的
似在抗議飼養員的分配不公

後記：2006 年 11 月 24 日遊閩西梅花山虎園所見。

推輪椅的菲傭

斜陽散步醫院的長廊
一雙黝黝而溫順的手
推著一輛輪椅緩緩蹣跚
老人乾癟的嘴問短問長
她豎起耳朵貼近那張嘴
傾聽　他黃昏的憂傷

晚秋的風
吹亂夕陽的影子
她想起了椰樹下的爹娘

風

當我開始時
趕走四周的寂靜
萬物因我而有了生氣

我在花葉上低吟
在樹枝頭詠嘆
在山谷中歌唱

我舞弄纖纖柳枝
舞動落葉紛紛
舞出滔天波浪

我時而溫柔
時而狂暴
善變是我的天性

海　浪

常站在你身邊
你的雙臂擁抱地球
身上閃耀著奪目的光芒
安撫垂淚的礁石

享受偷吻
發現慧眼在海上閃眨
玉體在海裡躍動
只能佇立著
癡情的望著你

我喜歡你的浪漫多情
深深的愛著你

花開並蒂

玩股票

號子看板上
像大海的波浪
無數的浪花嘩嘩地湧跳
像在玩：你追我趕

退潮了！退潮了！
滿海是黑色的浪
多少人心潮起伏
血汗在浪潮中流光

樹　根

牢牢地向下紮根
不斷蜿蜒前進
盡力讓枝葉
為大地高舉一把綠傘

看水在身畔流動
欣賞鳥兒在枝頭跳躍
樂見燦爛的陽光
在頭上照耀

緊緊抓住腳下泥土
風吹雨打動搖不了你的意志
縱使一天樹幹倒下
你仍將讓他重現生機

生日蛋糕上的紅燭

生日，請你來提示歲數
點燃了你
光照四方
掀起祝壽的高潮

燃燒中
燦爛的光焰在蛋糕上飄盪
我歡唱著
你卻在流淚

你承受燃燒的灼痛
我只好縮短許願的時間
快速地吹滅你
贏得全場的歡聲鼓掌

冬　雪

你邁著沉重的腳步走來
帶來冷冽的氣息
為山　為樹　為草換裝
大地因你而變得岑寂

你在陽明山上
偶爾舞成一幅玉樹銀花
我馳目騁懷
彷彿看到在你背後的春天

新　歲

寒冬辛苦醞釀
抽芽吐蕊
孕育了春天甦醒的歡欣
活眉活眼的流露出人們的喜悅

清新的嫩枝綠葉閃亮
101 巨型仙棒的煙火秀
三分鐘璀璨炫麗的八種光澤
將熱鬧與幸福寫在臉上

越來越覺得
年輕時的熱情與狂放
很難從頭溫起
真正相親相知的是老伴

鷹　揚

在空中飛揚
似一道黑色閃電
在高空盤旋
銳利的眼睛盯視著
地面上的獵物

在低空翻飛
畫出無窮盡的優美曲線
一圈圈上升
像龍騰躍在雲朵裡
猛地衝下
在空中劃下一道巨大的
驚嘆號

巨翼搏動
抬起地平線上
一座又一座的山
馱著紅日奔馳
雙翅撲擊滿天霞光

　　　　　　　　　　　　　　　　　　　花開並蒂

蛙　鳴

我是地球村民
世居沼澤池塘
興來嘓嘓高唱
不論有無知音

有人為了實驗
將我押在解剖臺上
開膛破肚，左看右看
完全無視我的悲傷

有人將工業廢水
污染我住的地方
戕害了我的子子孫孫
未來人類恐難再聽到天籟

螢火蟲

夏夜降臨
一團墨黑的世界
有光環飛旋
晶瑩蕩漾
夜之曠野張燈結綵
如嘉年華會

花開並蒂

玉環和飛燕的鼓舞

陰冷暗淡的寒夜
渴望早點回到溫馨的家
不料在搭車時一腳踩空
像滑雪者從空而下
恍若躺在棉絮上
驚恐得失去了知覺

當我被救起送醫
麻木的右腿
似在鋸木聲中打上鋼釘
靜靜地平躺了六小時
配給我一個玉環似的助行器
期待僵硬如石柱的傷腿重建

不久，漸漸恢復了知覺
開始如蝸牛移行
一個月過去了
終於嘗到坐立較穩的美味
她陪我走到廣場

沐浴著溫暖可愛的春陽

又過了一個月
走起路來雖仍像風中蘆葦
賴她耐心扶持
我才沒再倒下
而熬過了傷筋動骨一百天的
自然法則

可這善妒的玉環
卻嘀咕我後來另結新歡
改由如飛燕的四足杖陪伴我
一階一階爬上走下
並偕我同遊北海岸、大賣場
直待我腳步穩重才安心惜別

經過這番折騰
換來了人生寶貴的體驗
那種跌倒的感覺
如墮入黑暗深淵
幸蒙玉環、飛燕鼓舞支持
讓我又得以穩健邁向明天

後記：2007 年 1 月 21 日深夜，我不幸右股骨頸骨折。經過手術治療與
　　　六個月的復健過程，謹以此詩誌其梗概。

她的眼睛

她的眼睛像冬天的太陽
帶點微笑望著我
使我冷靜的心靈瞬間溫暖舒暢

她的明眸閃爍著光譜
傳情的眉目瞧著我
樂得我心花怒放

她的眼神呈現河東獅吼
炯炯地盯著我
嚇得我渾身冒出冷汗

人　影

在路燈照射下
似有人伴我同行
狗仔隊以為它是俏麗佳人
迎頭追趕
鏡頭對著它猛拍
一看是我的影子
他們跑了
我偷偷竊笑

空 夢

滿天星斗
是銀河公路上的汽車
太陽是橘子
地球是細砂
有人
滿懷征服太空的夢
連橘子都摘不到
那夢終將落空

夢中改詩

夜幕低垂靈感來了
匆匆寫了一首七絕
總覺得有一字不妥
推敲了又推敲
頹然進入夢鄉

一陣風把我吹起
雙手羽化成翼
在空中飛翔一圈
停在杳無人煙的廣場上
看見一位詩友
在幽暗的光線下

他手舉一個「休」字
突然想起他已老邁
怎還一副中年模樣

我口渴得厲害
嗓子燥得冒煙

驚嚇到發出短促的叫聲
便又跌落夢鄉
翌晨，睡眼惺忪下床
覺得夢中他提示的「休」字
恰巧改了我的詩
忽又想起他三年前已過世

寂 寞

一個模糊的影像
穿過落地窗的玻璃
似有冷風吹拂

臉像貧血病人一樣蒼白
額頭凝結著憂鬱
豎起耳朵　諦聽遠方

度著每日同樣顏色的歲月
折疊在生命年輪裡的悲哀
面壁冥思　裁詩送夕陽

醉紅小酌

春雨綿綿
寒風將我吹進了醉紅小酌
讓我像嚼花生米似的
嚼著詩句

周公忽而問我詩的寫法
我說寫詩如流水
如何繞過暗礁
避開混濁危險漩渦之後
風平浪靜時
清澈的水便是一首最美的詩

坐在鄰桌的先生
右手向前直伸
左手用筷輕敲茶杯
感性奏出敲打樂
朗誦聲發出了詩的鏗鏘

兩人相視而笑

以不同的唐詩記憶對話
各自表述一番
這樣一場下午茶
沖淡了暮年的寂寞

詩 畫

春雨輕柔
纏纏綿綿
那霏霏雨絲
一片一片如亂針刺繡

我詩情畫意的心田
舞弄細雨
秀出新寫的詩篇
展示光芒閃爍的新畫

老翁心語

一株枯朽的老樹
隨時會嘩然倒下

未來的歲月
短如剩餘的墨錠
眼前所見
盡是花開花謝
倦飛野鴨
如寒冬簑衣
孤坐在水涯

死亡之旅

霧濛濛的清晨
老翁如往常一樣外出散步
滿腦子兒孫的笑語
是他一整天開心的
源頭活水

突然，一股萬鈞力道
如迅雷衝來
他像一棵枯樹倒下
後腦頓遭嚴重撞擊
血像關不住的水龍頭
從染紅了的內衣中流出

十指痛如針刺
眼前一切恍若天旋地轉
身體不停搖晃
昏迷如墜入深淵
瞬間，心跳停止
進入死亡之旅

之後，腳趾手指有點顫動
眼睛微微睜開
而且張口說：
「回家。」
他戲劇性的醒了
真是不可思議

我　願

我已蒼老
無法掩蔽額際的憔悴
灰白的落日
將於地平線上消失

我願靈魂憩息於陽明山上
骨灰撒落大屯公園
化作春泥護鮮花美麗
花放花飛
飄擺各種姿態
讓年輕美眷照婚紗留念

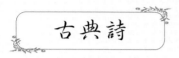

偽　藥

奸人售藥沒心肝，仿冒明知治病難。
掛上羊頭銷狗肉，胡言野草是仙丹。

染　髮

華人奮起白人號，黑髮名模聲價高。
無奈哈歐追美族，仍將本色染棕毛。

持杖赴會

飄然一杖不趨朝，便有閻羅忘柬邀。
余自整衣來聚會，開懷逗趣話新潮。

國際詩會留影

全球遊遍樂無窮，昂首高吟似放翁。
國際騷壇留笑影，宏揚詩教不居功。

老　興

身心衰老兩俱疲，美食豪車總不宜。
銀髮生涯何可樂，兩三知己暢談詩。

不了情

經年累月受熬煎，政治紛爭百慮牽。
但有親情難割捨，家人團聚自欣然。

牙　病

醫院牙科頻現身，齒亡齦縮閉朱唇。
可憐鑲補難康復，痛惜佳餚味失真。

二王廟震垮

魚嘴工程名不虛，李冰父子享清譽。
千年古廟人憑吊，美景瞬間成廢墟。

母護幼童

危乎蜀道變淵淪，離亂忽從家宅湮。
為免愛兒殘息斷，親娘背脊抗千鈞。

註：地震時為保護幼童，母以手臂、背脊頂住頹垣。

永定客家土樓（福建）

聚族而居乃客家，全球建築一奇葩。
衛星偵測疑飛碟，原是土樓休漫誇。

梅花山虎園（福建）

梅花山麓彩雲飄，樂見華南猛虎跑。
園內群居頗閒適，騰空搶食比樓高。

風濕病人

兩腿微酸半欲扶，不堪雨喚與風呼。
轉陰氣象何須報，電話搖來問老夫。

三　通

口不生津食不思，牽腸掛肚便遲遲。
復因尿液難排出，欲想三通速就醫。

檳榔西施

長髮酥胸玉手搓，霓裳半裸舞婆娑。
勞工一日薪資少，那及西施賺得多。

將軍冶遊

戡亂移師志未伸，四周環海北投春。
美人窩作將軍陣，猶似交鋒不顧身。

外籍女傭

遠離家國來台島，照料三餐竟日忙。
護理老殘難解悶，夜闌抱枕淚沾裳。

除夕偶感

夜深爆竹醒衰翁，獨坐書房似冷宮；
子女未歸空自嘆，螢光幕上鬧烘烘。

春　遊

淡蕩東風縱雅懷，陽光樹影共徘徊；
春來花徑人如織，彩蝶紛紛載舞來。

上海遇故知

當時戰亂各西東，五十年來信未通。
千里相逢今一見，歡情盡在不言中。

瘦西湖蓮花橋（揚州）

垂楊蘸水翠堤遙，湖面風來舟影搖。
白塔迎人添秀色，小紅低唱過蓮橋。

遊酆都未遂

一生羈旅逐萍流，吟遍乾坤五大洲。
惟有鬼域行不得，最堪遊處不曾遊。

機上觀天

寥廓長空不見雲，天連兩極界難分。
一時脫盡凡塵夢，西望金烏散夕曛。

謁中山陵

中山陵寢勢巍峨，兩岸黎元愛戴多。
千里迢迢來晉謁，但求顯聖化干戈。

鬥牛士自嘆（西班牙）

人獸相仇殺戮場，黃沙染血近痴狂。
鬥牛譁眾須終老，何必兇殘勝虎狼。

夜遊倫敦（英國）

朝乘銀翼破長空，夕至倫敦燈影紅。
帝國光環今褪色，皇宮冷落月明中。

越洋探親 (歐美)

飄洋過海探親忙，歡聚他邦喜欲狂。
入境才知隨俗苦，西餐不若土雞湯。

羅恩湖夜遊 (挪威)

一葉扁舟兩隻鷗，三人垂釣渡船頭。
雪峰十座環湖繞，璀璨陽光伴夜遊。

註：一九九七年六月十九日夜十時，在挪威羅恩（Loen）湖畔夜遊所
　　作，是時陽光仍在。

北極看極光（加拿大）

繁星點點耀隆冬，午夜寒光展極容。
白馬市郊山頂上，悠悠綠帶幻游龍。

註：白馬市隸屬加拿大育空地區，冬季午夜看極光。

長　壽

人言長壽是鴻福？長壽老人甚覺孤。
照顧起居防跌倒，一人長壽兩人扶。

註：目前世界公認的人壽命活過九十歲，大多會失智、失能、行動不便
　　等，日常生活須兩人照顧。

落　齒

隱痛常於未食前，搖搖欲墜又流連。
一朝別汝應垂淚，甘苦同嘗數十年。

色　戒

堂堂諜片越重洋，情慾令人喜欲狂。
入戲太深難自拔，杭姑一舉艷名揚。

名　犬

守夜看門勝衛兵，上街緊跟主人行。
富家一入增身價，那管遊民罵畜生。

吸塵器

不教居室盡蒙灰，甘願藏頭縮尾來。
肚大能容休鄙視，專心竭力吸塵埃。

手　機

欲覓親朋無定蹤，衛星傳達若相逢。
天涯對話如鄰桌，握入掌中情更濃。

電子郵件

不須綠使扣門前，萬里飛鴻一線牽。
網上聊天如對面，鍵盤輕按把書傳。

苦　瓜

外觀凹凸似膿瘍，金玉其中耐品嘗。
不雅芳名難改正，須知此物甚清涼。

詩人悲歌

下筆心情淚暗垂，平生功力有誰知。
如今政產文經界，只愛浮名不愛詩。

交際舞

燈光旖旎樂聲揚，春色撩人翠袖香。
愛火初燃蜂引蝶，情潮暗起鳳求凰。
男圖擁女花心動，女想依男柳眼張。

只恐良宵酣舞罷，卻因分道兩相忘。

首屆海峽詩詞筆會感賦

兩岸騷壇四海傳，宏揚詩教盛空前。
超群革故多名士，易俗標新勝昔賢。
奮筆不凡融一貫，微言警世集千篇。
龍岩首屆開風氣，神韻華章獨占先。

八十抒懷

歲月如流八十春，此心仍是啃書人。
危烽往事情難顧，浮世餘生志得伸。
半紀懸壺名利淡，殘年退食旅遊頻。
才疏偏愛尋詩趣，不覺黃昏腦更新。

邱燮友 簡介

筆名童山，福建省龍巖縣人。生於 1931 年 12 月 14 日。一歲隨父母來臺，定居花蓮港，七歲時正值 1937 年七七抗戰，舉家遷回龍巖，在家鄉完成小學、初中、高中的基礎教育。1949 年再度來臺，次年進入臺灣省師範學院（臺師大前身）國文系，1954 年畢業，並參加預官訓練，以及在中學任教兩年，然後再考進國立臺灣師範大學國文研究所進修，1959 年畢業，便留校任講師、副教授、教授。在教育界任教已逾半世紀，曾任臺師大夜間部副主任、僑生輔導主任委員、國文系所主任、所長；並出任玄奘大學主任秘書、宗教所所長；元智大學中語系主任、香港珠海學院客座教授等職。

退休後，仍任教於文化大學中研所、元智大學中語系、東吳大學中文系，任兼任教授。擅長中國文學史、樂府詩、中國詩學，並從事古典詩、現代詩創作。主編《中國語文》，並與臺師大、文大研究生合編《臺灣人文采風

錄》，著有《童山詩集》、《天山明月集》、《童山人文山
水詩集》、《品詩吟詩》、《童山詩論卷》、《白居易》、
《中國歷代故事詩》、《中國文學史初稿》、《二十世紀中
國新文學史》、《新譯唐詩三百首》、《新譯千家詩》、
《新譯四書讀本》、《新譯世說新語》、《散文結構》、《美
讀與朗誦》、《唐詩朗誦》、《唐宋詞吟唱》等著述。歷年
教學與著述不曾間歇，並以教學和著述視為終身志業。

美國亞利桑那大峽谷

2004/07/09

花開並蒂

新　詩

古　典　詩

絲　帶

偶爾街心飄過一束絲帶，
縹紅地，隨著纖纖的秀髮散開。
何處的花兒，開得這般燦爛？
何處剪來的，撩人遐思的雲彩？

那定是來自南方，遙遠的南方，
四月的日子，因此變得更加可愛。
我彷彿嗅到暮春的氣息，
百花的奇香，沁透了我的心懷。

櫻花開的時候

你悄悄地走了，
當櫻花開的時候，
春天已不會再來，
撇下櫻花慢慢地枯瘦。

微風薰長了野草，
迷惘隨春水般地漲高，
苦守住蕭蕭的相思樹，
從心底灌注那晶瑩的紅豆。

煩惱容易把人吹皺，
枕畔流不完許多更漏，
你走後，細雨淹蝕了你的倩影，
我等待，雨過星星投與我明眸。

十四行抒情詩

深夜我坐在窗口沉思，
月兒流渡夜空自感到孤獨。
靈光像一閃一熄的螢火，
在一川帶露的水草中摸索。

星星是深藏海底的珍珠，
竊笑我無法伸手將她採掬；
我為她流淚，也為她嘆息，
只盼望難過會把思潮堵住！

假如死後能變成一隻幽魂，
日夜縈繫著你與你同游。
僅僅就為了這個緣故，
我想進入墳墓也比活著好受！

可是當你有一天來到我身邊，
我又忘卻昨晚想念你的苦楚。

里　梅

澗底的百花淺笑依伴著綠水，
少年的情郎在森林裡等著你。
里梅哦！里梅，
原野的風吹得多麼狂多麼醉！

深谷裡野鳥唱起婉轉的輕曲，
少年的情郎在森林裡等著你。
里梅哦！里梅，
傳來的山歌是多麼甜多麼脆！

天上的白雲默默在山頭依偎，
少年的情郎在森林裡等著你，
里梅哦！里梅，
今晚的月兒該多麼圓多麼美！

註：「里梅」是烏來山胞的土話，他們稱年輕的姑娘為里梅。

新竹枝詞

在民歌中，最動人、最出色的，要算山野情歌了。在這方面，唐人的竹枝詞，最具特色。竹枝詞本出於巴、渝之間的鄉土情歌，歌詞中，用「竹枝」、「女兒」作爲和聲，使音樂的節奏，更增添不少和諧與美感。唐人劉禹錫改訂建平（今四川省巫山縣）一帶的情歌，作竹枝詞九首。在這首「新竹枝詞」中，也仿造民間情歌的調子，用男女贈答的方式來道情，配以「合士合士合」的和聲，也能帶來一份清新的情韻吧！

——

「山桃花，紅灼灼，
鄰家出嫁你也哭。」合士合士合
「酸棗樹，葉多多，
晴天開花不結果。」合士合士合

「蕭蕭的相思樹結紅豆，
風來過，雨也來過。」合士合士合
「扁豆花開兩頭都結果，
你有空就到山下來看我。」合士合士合

花開並蒂

二

「我趕牛到河裡去沐浴，
見了我為什麼還閃躲？」合士合士合
「你不怕鄰居的小姑嘴薄，
編造歌兒當故事來傳說。」合士合士合

「天外堆著些晚霞似火，
明兒天晴你要入山去放牧。」合士合士合
「記住我在橋上趕牛過河，
你把籃兒提來一道兒去採芒果。」合士合士合

堰上的水車

日子來了，從輕霧的山谷，
閃爍著，泅過水草的淺灘。
堰上的水車，潑拉潑拉，
又開始撥出一面藍天。
太陽爬上樹尖，這世界，
美得像神話裡的童年。

或許你有過莫名的喜悦，
蹲在堤上，看石子錯亂的圖案；
把細石碎沙灑入河面，
圓圓的、漾開，漾開……
一些孩提時鄰舍友伴的臉。

好幾次我想豎一座水車，
打河裡的水，灌溉初墾的田；
收穫時，邀他們一起來打場，
累了，躺在新割的稻桿上，
享受著最粗最濃的煙捲兒。

如今日子來了，紛紛像葉子般飄落，
我細數風潮，不數蕭索。

渡吧，渡過氣流

小時候，在家鄉的大合院裡，
在星月下，聽隔壁的老伯，
講嫦娥盜靈藥的故事：
「你看，那就是晶瑩無比的月宮，
美麗的仙子，便孤獨住在宮裡。」
那時，我想：為什麼我們也上不去，
別讓仙子孤單、高懸雲端在哭泣？

長大後，我知道老伯騙我，
老師說：「月亮是塊無人的死地，
宇宙廣大到令人不可思議。
天空有鑽石般的星群，繁多的、
繁多的，向春天原野花開的時季。」

史籍上載著：我們的祖先，
生長在黃河北邊的黃土平原，
滔滔的河水，對岸綠得使人驚奇。
也許他們只抱一根老樹，
冒險在渡，幾個被沖走了，

花開並蒂

幾個泅過，終於踏上莽莽的處女地。

每晚，漫漫的夜帶著她的星群降臨，
渡吧！渡過這滿天星花的大氣層。
為什麼我們還不到那邊去呢？
渡吧！不然我們就要獨留後塵。

野 店

深夜，我提著行囊退出車站，
北風奇緊，街上早已打烊。
我在那陌生偏僻的巷口，
找到一家又髒又小的客棧。

四疊榻榻米的臥房，燈光幽暗，
我彷彿躺在船底，聽浪濤騰翻；
糊花紙的隔板，繞著幾隻蚊子，
嗡嗡地，我領略到異鄉的溫暖。

突然隔房傳來擾人睡夢的騷亂，
掙扎，撞擊，像花木被冰雪摧殘。
「阿坤，我難過，不要這樣……」
是女子的淒泣，呼吸中透著驚慌，
驚心動魄，像隻暴風中斷纜的船。
「一切都會好的，只要熬到天亮！」
是男人的低語，譴責中帶點撫慰，
窗外的嘶吼，依然是一味粗狂……

當我重新提著行囊走出客棧，
像個飽受風霜的旅客踏上彼岸。
「先生，昨晚你隔房的孩子病了，
鄉間沒醫生，害得父母忙了一晚。」

這話使我再抬不起頭來望望，
雖然今兒又是個好晴朗的早上。

調景嶺的歲月

當年走遍大江南北，
彎彎的月亮，照我流浪。
在鳥不生蛋，草不著露的地方落腳，
只求一塊淨土，不再有恐懼和死亡。

從瓦楞屋到違章建築，
半下流社會，走過王亮李娟的時代。
坡上的相思樹刻著相思，
思家的心像北斗永遠不改。

你我做見證，曾指蒼天發誓，
一股仇恨為何久久難消？
在海陬苦守一片青天，
四十年春秋，從少年到白頭。

調景嶺的歲月已成過去，
山坡小道又被蔓草掩埋。
調景嶺的旗海曾如四季花開，
調景嶺義胞散了，還有下一代。

花開並蒂

註：1. 1994 年 4 月 17 日至調景嶺，回來後 4 月 19 日有此詩。

2. 《半下流社會》是趙滋蕃描寫調景嶺的小說，王亮和李娟是書中
主角。

揚州瘦西湖

你想在江南小溪垂釣，
釣起一川垂柳，半竿風月，
江南小村，青磚黑瓦白粉屋，
你是否能到揚州來小住？

个園平山堂窗外，
遠山隱隱與此堂平齊，
當年杜牧、姜白石教玉人吹簫，
簫聲散落成四周的花蕊，
這已是一千年前的花事。

袖珍瘦西湖，秀長綠楊柳，
橋中有橋，亭外有亭，
白塔在二十四橋間挺秀。
我想把詩句題上流水，
好讓旅客細讀，讀一段西湖秀色，
忘了回去，在此長留。

花開並蒂

註：1994 年 6 月 25 日遊揚州瘦西湖，6 月 26 日在南京往無錫途中成
詩。个園爲揚州庭院之一的名園，其中以種竹爲多，故稱个園，爲
明代至清遺留下來的名園。

買一段江南山水回家

「儂為您繡出江南第一山的桃花，
南風吹開寄暢園的荷柳。
秋天借取惠山龍光寺紅葉來眼前，
更添上窗外一枝雪中梅。」
買一段江南山水回家，
包融無錫女子針線情的嫵媚。

註：1994 年 6 月 26 日至江蘇省無錫，在京滬鐵路車廂中，購得蘇繡四
　　季圖一盒，後遊無錫寄暢園，與江南第一山──惠山毗連，在惠山
　　寺前，有一對聯云：「大哉王言山為第一泉第二，巍然廟貌寺以教
　　孝寺教忠。」江南第二泉，便在寄暢園中。

敦　煌

我愛天山明月，我愛敦煌，
從飛天仙侶的彩衣，
衣袂飄舉舞過仙境。
多少日子，在夢中我願用笛聲追隨，
追隨你在琵琶的哀怨聲裡，
與你合奏一闋相思曲。

我愛天山明月，我愛月牙泉，
從唐代葡萄園便已結實纍纍，
纍纍的愛，纍纍沈沈的思念，
從天山明月，到沙塞、坎兒井，
以及春泉汨汨的月牙泉。

在夜裡，在秋夜，
我是天山，等待一輪明月，
千年的等候，千年的期待，
千年後才發現敦煌的秘密。
至今鳴沙山下，依然春泉汨汨，
流動在生命中的月牙泉。

1994.8.15

一隻紅蜻蜓

一隻紅蜻蜓，
飛過金池塘，
輕輕停在荷花瓣上，
染紅了天外的夕陽。

為伊歡欣，為愛輕狂，
一朵盛夏的蓮荷，紅艷、清香。
一隻紅蜻蜓飛過了海，
飛越金池塘，染紅了夕陽。

一隻紅蜻蜓，
飛過金池塘，
為了尋找愛的故鄉，
染紅了荷花，也染紅了夕陽。

（1994.8.23）

紗帽山風情四則

山貌

是誰棄置的一頂紗帽，
已千萬年了，沒有人來認領。
讓她覆蓋在陽明山前，
任由春風秋雨吹打，
帽沿帽頂都長草生根。
偶爾山外飄來一片雲，
風情千種，浪漫神秘，
吸引多少來此朝聖的情人。

山容

一條單一的弧形
山稜均勻像常態分配線，
有時又像頑皮的小孩，
蹺起兩片鼓鼓的屁股，
朝向天空。
面對她，擁抱她，
像在熱戀中的情侶，
兩個微隆的弧線橫在胸前，

跳動的地泉，蒸氣的地熱，
一股暖流從身內逸出的體香。

山情

我呼喚山，
山不過來，
那我便要走進去。

山神啊，請你打開雙臂，
我願與你融合成一體。
誰願意分離？
分離也會黯然落淚。
你說：「你所要的，
都是別人的。」其實，你把握他，
他便是屬於你。

山境

紗帽山，風雨情，
秋日午後，裹上重重神秘。
多少歲月從山前走過，
綠了山輪，卻瘦了蘆葦。

花開並蒂

我願和你長相廝守，
將我心化為你心，
聆聽你的呼吸，你的脈律。
這時，宇宙又回到太初，回到原始，
在山霧中，留下一片寧靜，
在白紗中，擁抱永恆。

（1994.10.15）

讀詩經

一、讀詩經

黃河孕育的草果花子，
來到長江譜成南音的情濃。
漢人浪跡黃土高原，紀錄下的歌，
花開花謝，是一生的最愛與最痛。

日出日落，杵歌響起豳風七月的收穫，
迎親路上，鼓吹吹響二月的桃紅。
黃昏夜裡，有誰傾聽浪子棄婦的心曲，
關山月野，有征夫戍客悲歎命運的坎坷。

朝中君臣們依然在和熙殿中唱著鹿鳴，
杯觥交錯中，祭拜祖先賜給他們的福澤。
桑間濮上，有人約會在淇水桑中，
關西大漢，秦腔腰鼓是最撩人的火。

真情薰醉人，永遠像酒、像風，
鳥獸草木蟲魚，象徵著各種情種。
洙泗河上傳誦最古老的歌，

至今依然迴響在人們心中。

（1995.6.17）

二、再讀詩經
——春日遲遲，采蘩祁祁；
　　女心傷悲，殆及公子同歸！
　　　　——〈豳風·七月〉

你走後，五月石榴紅，
你回到古典的中國。
在大紅牆外，青石小道敲出跫音，
只有大門口兩隻蟄伏的石獅子，
還能聽到你的心聲。
在歲月的長河裡，
你曾年輕，像桃夭中的新娘。

你走後，七夕星淚如雨，
你又回到銀河楊柳的小居，
滄海無涯，西風吹亂無盡的草原，
草原青青，蘊藏著無盡的離情。
那一夜，我獨自徘徊在銀河口，
渡頭長滿蘆花，花白如鬚，

我吹弄蘆笛，像蒹葭中的少年。

讀豳風七月，在有霧的早晨，
那些情景，那些句子怎能忘記：
「春日遲遲，采繁祁祁，……」
我曾想把春日的鳳凰花
裁成衣裳送給你，不再分離；
我曾想把秋天的楓葉染紅，
做成貼紙寄給你，不再相思，
但每次，想你……
我怎能捕捉逃飛的蝶翼？
也難以捕捉長逝的輕風。
就如同追不回那年一個有霧的早晨。

（1995.6.22）

敦煌玉琵琶

是和闐白玉，琢成的玲瓏曲線，
彷彿一握佳人的渾圓。
安上絲弦，扣動關塞邊聲，
不再是高山流水，十面埋伏，
而是伊州草原，涼州古調，
訴說千年不變的相思和心曲。

配上一把玉笛，與你和弦，
音符散發楊柳風輕，婀娜柳枝，
從腳尖點出琤琮的旋律，
走過綠洲，舞過瓜州、沙州，
邁向敦煌的暮春，
絲路上飛花滿天。

玉琵琶，動關情，
是碎花流金，春泉暗流，
多少歲月從樂聲中喚回唐人的輕盈。
然而哀怨的傾杯樂，隨西風吹響，
鳴沙山，白龍堆覆上層層冰雪，

惟有敦煌的玉琵琶，打通絲路，
像飛天花雨的天籟，傳誦至今。

月子紀事

新月如鉤，如銀，
想你，搭上月的小船，渡過銀河，
來到江南，在黃蘆岸停泊。
記得你一襲白色羅衣，當時初見，
你是否在銀河口？等我上岸。

半月如玉，如梳，
想你，在窗前梳理長髮，
我是輕風，梳過翠湖的柳絲。
記得盈盈秋水，江南花氣襲人，
你是否願意，在湖邊結廬同住？

而今，滿月當空，月色如玉，如銀，
想你，彷彿峨嵋山下看小月，
敦煌大漠一輪皓月上沙洲。
記得在夢裡雙手捧月，與月同行，
那怕是新月、半月、春月、秋月，
只要有月，思念恰如長夜綿延不絕。

(1995.11.6)

明潭紀事

一九九〇年二月，參加高中文藝營講習，與楊昌年、沈謙、馬森、張素貞教授，夜遊明潭，歸而成篇。

一

昨夜我來時，
明潭的水浸潤在薄霧中沈睡，
粼粼的湖光，再不起半點漣漪。
我們對著夜，談毛家酋長，
毛家公主如今住在那裡？
當年公主十五歲吧，噢！
如今也該是一甲子了。
回首茅屋老去，往事確鮮明，
如同今晚明湖的夜空。

二

清夜，回到梅村客廳，
窗外梅花未開，草息隱隱透紗窗。
朋友們都在細數子女的成長，
年輕的故事，愛的傳奇。

入夜後，窗外蟋蟀在弄笛，
鳥已無聲，蟲鳴四起，
只有鴟鴞鼓舌敲響山谷，
呼咕咕，呼咕咕，
好似在提醒：「別煞風景，
如此良夜，明潭翠谷，
怎麼可以倒頭就睡？」
於是我想起：
親人的離去，才體會自己的成長；
子女的離去，才察覺自己的老邁。

三

清早，鳥聲在窗外噪晴，
才發現梅樹的濃綠，竹葉的嫩黃，
杉木的挺直與翠墨，
與明潭的清輝，天工造色對比。
配上幾枝早春的櫻花與杜鵑，
淺笑在青山斜坡間迎接你。

四

談文學，說人生：
年輕如花似玉，是一首情詩，

年老像枯木枯枝，是一篇
聱牙難訓的雜文。

（1995.02.06）

榕樹情

青蔥不變的綠，
是你不變的標誌。
不變的路，
卻迎接常變的風訊。

每次經過你身邊，
有一股熟悉溫馨的風情，
也許是故鄉七里香散發出的幽香，
或是思人眷念消逝已渺的綺夢，
那茂密的綠，
是一種遙不可及的夢境……

每次在此停留，
像一陣風不留痕跡；
每次在此多停留一次，
生命中便多一次印記。

（1994.4.24）

元智校園即景

一、元智清晨

第一線陽光射向九龍壁上，
九條翻滾的龍，
啟動乾坤運轉的信息。
於是在鳥聲、風聲、紫荊香中，
展現二十一世紀燦爛的黎明。

長長的引道，長長的行人樹，
兩旁草息花香，春色盎然的草地，
深深地吸引著您，我，
是古典又是現代的清新。
豁然開朗的校園，
迎面而來是一塊頑石，刻著「元智」，
其間人來車往，是現代的桃源。

一聲聲鐘響，敲響每個元智人的心，
似乎在聲聲敦促，
卓越、務實、宏觀、圓融，
與春暉交織成元智校園交響曲。

二、元智之夜

初三的新月、太白星，
鮮明地斜掛在工學院館樓上，
新月如鉤，勾起不少學子初戀的記憶，
從黃昏到入夜，藍色的天空，
和熙的晚風，擁抱整座校園。
太白星光引燃智慧的傳承，
燈火通明，從孔子、莊周點燃的薪火，
熊熊地照亮新世紀的里程。

如同地熱汩汩湧出的光和熱，
從心底騰湧出誠摯和真愛，
凝結成一個大團藻，一個大圓。
開發綠色科技，迎接 e 世代，
實踐多彩人文，美化新人生。
如同在美麗之島，婆娑之洋，
我願化作一隻飛躍的海豚，
在藍藍的夜，奔向莽莽大海。

（2001.2.20 於元智大學）

髮葉四時歌

一、春歌

絲絲青髮，如同初春的柳條軟枝，
散落在春風草野中，
是少女的絲髮，緞黑柔情，
呵護著一季灼灼桃紅。

二、夏歌

南風吹來桃花源中的一綹垂鬢，
散發青春的熱情，年少的成熟。
如同赤陽下的青苗，
從抽穗到下垂飽滿的穀粒。

三、秋歌

那少年參差的髮叢，
要跟蘆葉媲美秋的顏色。
坡塘上滿目荂花搖曳，
訴說白露後一則淒美的故事。

四、冬歌

細雪後，只有更多風霜，
老人的黃髮，積雪染亮了銀輝。
夕陽裡，擁抱蕭蕭的枯樹林，
等待下一季新葉的誕生。

（2003.11.21）

祖母的衣櫃

車入捷克小鎮——契斯基庫倫隆市
導遊說：「今晚我們投宿在修道院古蹟改建的旅社。」

一把古銅的鑰匙，
打開十六世紀修道院的臥室，
古拙的床椅，薰黑杉木的衣櫃，
推開窗臺，是十六世紀的夜景。
閣樓上，是修女們喃喃的祝禱，
黯淡的燭光，彷彿回到昨日的希望。

這是一種靈異的感覺，
她們訴說：「今晚，白色鬆暖的枕頭，
忽大忽小，游離在我的眼前。」
「你在穿越時空，
與白衣天使在靈思的世界相會。」
那寧靜無聲的夜，
或許有聲音，是鼾睡者的囈語，
……
畢竟夜深了，遠行者太累了。

清晨，燦爛的陽光，
金絲線穿越窗櫺，我們從古老的衣櫃，
取出祖母的叮嚀：
「孩子，平安的上路吧，
不要忘了你的家人。」

(2000.8.9)

薰衣草

細長纖巧像在北海道的女子，
生長在富良深邃的山野，
天真、無邪，是村姑本色，
散發出淡淡深紫色幽香。

它沒有金盞菊引人的炫黃，
也沒有金魚草一串白色的編鐘，
也沒有爆竹紅刺眼的豔紅，
它們相依相偎渲染紫色的幽夢。

薰衣草，幸運草，
像穿紫色羅衫的小女子，
輕移碎步結滿小小的花序，
好似合掌祈求一季的平安。

素淨，謙卑，有一股清秀，
流動在你我之間，
儘管是霜秋雪冬或將來臨，
只要存在，那怕是一束乾燥花，
也能譜出一段紫色的戀情。

（2001.7.19）

娃娃谷

——貴陽神奇假日酒店電梯口所見，當地有人將兒童賣給洋
　人。這是一則販賣人口的真實故事。

誰家的孩子不是爹娘的寶，
山溝子的小孩最可憐，
只好找洋婆子來認養……

辛酸的父母，
親手將心頭的肉，
捧給一對陌生的父母。
孩子在哭鬧，
「我不要走，我不要走……」
電梯口，電梯門關上，
淚流滿面，
再也看不清父母的臉！

娃娃谷，
一個個是青色的饅頭山，
一個個也是心頭的乳房，
讓我快快長大，

「我會回來，我會回來……」
尋找我吮吸過，
青色饅頭的故鄉。

（2001.8.14 寫在貴陽貴黃公路上）

山水帖

一

貴陽發出的山水帖，
邀請我們來作客。
梯田曲曲折折是迎賓階，
青山大大小小攏過來迎接。

岩石的骨架，草木的外衣，
一件件穿著，品味不同。
山是沉默的仁者，不必言語，
面對著它自能心領意會。

山是群居的物華，
近山臨水，靈秀嫵媚。
中程山色黛綠如同金字塔，
遠山疊翠，彷彿沙漠駝峰，
行走於天邊稜線。
貴州的天氣是女孩的臉，
罩上薄紗又似敦煌飛仙。

二

白水河，黃果樹瀑布，
從青康藏高原飛奔過來，
山水帖，是武林盟主的群英會，
意氣風發，壯志凌雲，
萬噸天水從懸崖傾瀉。
於是萬馬奔騰開闊赴敵，
兵戈閃爍，弓弩齊發，
沙塵滾滾淹沒了山林。

三

無人不被貴陽的山水鎮攝，
無法形容大自然的神奇奧秘。
江南蘇杭青山橫臥西湖春，
桂林陽朔奇山異水水中行。
我卻偏愛苗疆的山水帖，
邀我們當牧童，趕一群山水，
如同趕一群牛馬，駱駝，
從貴陽到安順去趕集。

（2001.8.15）

註：安順，古稱夜郎。

武夷山的聯想

一

山是空間的累積，
水是時間的延續。
武夷山的啓示：山水相乘之美，
是時空的平方，答案為永恆。

二

由各種三角形堆砌的山，
由於平行線無限延伸的水岸，
橋是等號，你我是過客，
構成山水，幾何人生。

三

如果在危巖間架構一座弔橋，
形成了等號上一條抛物線。
在山山水水的身影中，
說明一切線形，最美的是曲線。

四

碧水從綠意濃蔭中流出，
危巖在竹篁綠樹上浮動。
一支篙，撐開武夷山的秀麗，
一排筏，穿梭九曲溪的神秘。

五

水是一把刀，流行於天地之間，
在青山白水中留下幾何圖案。
將岩石鏤刻成神仙雕像，
像群玉山前眾仙的聚首。

他們來自山林野壑，
彎彎曲曲留下無數的水道。
他們來自碧水藍天，
將九曲溪變成神仙的彩帶。

六

徐霞客武夷山的行蹤，
深深鏤刻在遊記中，腳跡鮮明。
他將身影比做山嵐霞光，
走過山水抹上生命的光澤。

紫陽書院抵不住江南風雨，
門牆斑剝，訴說百年苔痕。
隱屏峰下書聲如流水，
潺潺細流道盡人間理性。

朱熹的薪火，霞客的杖履，
增添武夷山人文山水的新頁。

七

在中國人的心目中，
水和石頭象徵財富。
的確，武夷山的山石和水勢，
是上蒼賜予人間最大的寶庫。

自然就像是一本書，
細讀其中每一頁。
一枝草，一片花葉的姿態，
都隱藏著生命的玄機與奧秘。

在萬仞壁巖下靜坐，
您將發現宇宙的神奇。

在浩浩時空下，歲月不停轉移，
惟一不移的，是千萬年不變的山水。

八

除了筆端攝取山水的倩影，
我不曾帶走任何東西；
除了在青溪小徑悠閒走過，
像一陣風，不曾留下任何痕跡。

（2003.7.26）

註：1. 徐宏祖（1586～1641），明江陰人，號霞客，少時博覽輿地之
書，有遠遊之志。自二十二歲始，歷時三十餘年，遠遊各地，足
跡遍至十六省，將其所至，描述山川形貌，著有《徐霞客遊
記》。其中遊武夷山有三篇。

2. 朱熹（1130～1200），南宋理學家。原籍婺源，僑居建州。論學
以居敬窮理為主，主張格物致知。曾講學於武夷山紫陽書院，並
於同安、金門等地，亦留有「朱熹講堂」遺跡，著有《四書集
註》、《詩經集傳》等。

泉州清源老子石像

傳說我是留下一本《道德經》，
騎牛出關而去，不知所終。
其實，是泉州府發一本護照給我，
要我在清源山落戶，領取糧票。

我是餐霞飲露，不食人間煙火，
關尹子被派去看關，他們叫我護山。
我在山口看往來行人已千年，
沒有人跟我談道，只好對山講話。
日子久了，我也舉目茫茫，
不知走向何方？

（2003.7.30，在福州飛往香港的東方航空機上）

按：泉州老君巖門票記載：泉州老君巖為清源山三十六洞之一。這裡有
　　春秋時期著名哲學家、思想家老子的宋代石雕造像，是我國最大的
　　道教石雕，為全國重點文物保護單位。
　　老子姓李名耳，字伯陽，一名重耳，生而白首，故號老子；耳有三
　　漏，又稱老聃。道教尊稱他為教主。奉《道德經》為主要經典。
　　據《泉州府志》記載：「石像天成，好事者略施雕琢」。石像高 5.63
　　公尺，厚 6.85 公尺，寬 8.01 公尺，席地面積為 55 平方公尺。左手

扶膝，右手憑几，造型端莊慈祥，和藹可親，垂耳飄髯，神態浩然，為宋代石雕藝術瑰寶。原有道觀早廢，但石老君依然炳煥生光，充滿魅力，今中外遊客流連忘返。

老君造像前東西兩側，有十八方我國元代名書法家趙孟頫手書五千言《道德經》碑刻，以經、書、刻三絕廣受人稱道。

大峽谷

看不見，飛霞千里照眼鮮，
峽谷千仞，綿連不絕到天邊。
君不見，大地撕裂地脈斷，
赭紅巖層裸露陽光下，
彷彿一場浩劫後留下的傷痕。

慕名而來站在巖頂旅者，
都是來自千里外的訪客。
驚訝天地間竟有如此傑出的巨雕，
怵目驚心橫亙在亞利桑那西北。
細細的克羅拉多，經億載割切，
竟將大地開腸破肚，
剖開地層內千古花崗石的秘密。

這是天神賜給大自然的城堡，
藍天在上，教禿鷹逡巡守護。
奇特的山形野勢震懾人心，
飛巖突兀，深谷千仞，
山頂松林染翠，荒野山風怒吼，

大峽谷是雄渾奇偉的表徵。

大峽谷啊，大峽谷！
不知該用甚麼字眼來形容你，
或許如《千字文》所說的：
「天地玄黃，宇宙洪荒。」

（2004.8.8）

鞋　子

一雙雙鞋子，
排列在玄關，
猶如停泊在港灣，
一艘艘升火待發的船。

它跟我旅行漂泊，
沾有東歐的雨水，
也聽過維也納的音樂。
它好比忠僕一樣，
背負我跨過麗江，
親吻西南雲貴高原的泥土。

如果它追隨我漂洋過海，
來到亞利桑那大峽谷；
面對浩瀚的深坑，
曬過殷紅如血的落日。

它有時像深摯的好友，
陪伴我在異鄉道路上，

踏著輕盈的腳步，
與行囊合奏一曲《流浪者之歌》。

（2004.8.10）

當我一年級

幼稚園畢業時，
師生到吊橋上丟花圈，
讓水流走，學習的第一步，
逝水長流，要捨得施予。

小學國語課本第一課：
「小小貓，跳跳跳，
小弟弟，哈哈笑！」
悲歡歲月，
正是七七抗日伊始。

初中的英語似乎很新奇，
小星星叫 Little Star，
那首英詩很美，
配合國文第一課，
巴金的〈繁星〉，也掉了一些思家的淚。
幸好第二課魯迅的〈秋夜〉：
「我家門前有兩棵樹，
一棵是棗樹，另外一棵也是棗樹。」

當時我用兩隻的白貓替代，
模仿創作，還被老師責備，
引來一場哄笑。

高中一年級也住校，
人人一盞煤油燈，
用毛筆寫英文，做代數，
卻練出一把好書法。
我體會：
只要有一棵菩提樹，就能得道；
只要有一盞讀書燈，就能照亮前程。

上大一時還有音樂課，
老師教唱童謠：
「我是隻小小鳥，
飛就飛，叫就叫，
自由逍遙。
我不知有憂愁，
我不知有煩惱，
就是愛歡笑。」
後來我們稱那位老師，
叫「小小鳥！」哈，哈！

上研究所一年級，
我練習做研究工作，
把歷代《昭明文選》著述，
寫成一卷《選學考》。
一切的起步都來自老師的啟示，
我唯一的獎狀，
是老師給我的——承受，
不敢忘掉。

（2004.9.1）

註：1. 〈小星星〉英詩如下：

Little Star, Little Star,

So high, so far,

Can you tell me,

What you are?

2. 《選學考》是我讀師大研究所一年級的《治學方法》報告，由高
明教授指導，後刊登於《國立臺灣師範大學國文研究所集刊》，
第三期。

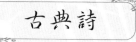

觀　棋

松下一局棋，人間已千年。世事猶風雲，幻變瞬息間。
谿壑寒氣重，棧道飛鳥渡。兩軍對殘壘，機智為時務。
擂鼓山河動，廝殺如潮湧。飄風驟雨後，秋空月色籠。

酒　花

春城多酒店，何處無酒花。荼蘼鬥芳菲，山桃艷若霞。
紅杏滿園醉，垂柳輕煙斜。不信東風師，酒泉不需賒。
若問傾城色，暮靄入蘇家。

遣　興
——賀雨盦社長書展有成

少小誦詩書，行文只為趣。桐城古山水，入墨如神助。
比壯遊四海，風發興不改。上庠闡李杜，下筆著雲彩。
當代重商輕文史，我曹文墨賤如土。雨盦揚毫龍蛇走，
難敵光電霹靂舞。古來才大難自棄，河川流行不為俗。
詩書展跡天地間，花開花落自成局。

宿太湖中石公山莊

太湖大雪後，初春水猶寒。野店無俗客，酒帘似邯鄲。
船泊湖中島，名曰石公山。危崖削飛石，臨水築亭軒。
或云范蠡在，西子共波瀾。同遊五湖去，高飛效天仙。
煙景誰與爭，茫茫天地寬。湖心可終日，水天任盤桓。

（1990.2.7）

探　親

兩岸音書絕，忽傳開放聲。國人結伴去，紛紛大陸行。
一別四十載，跨海會親情。海外流離久，白頭淚相迎。
亦有返鄉客，親人皆亡故。獨立天地間，不知歸何處。
或有晚親接，只為貪財路。哀哉中國人，今生是何世？
兩岸風雲急，海峽猶多霧。

（1990.3.20）

謁黃陵

—— 1992 年 9 月 1 日，國立臺灣師範大學國文系師生謁黃
陵，奠祭黃帝。地點在陝西黃陵縣。

黃土高原地，初秋謁黃陵。飲水思其源，華夏傳統承。
偉哉軒轅祖，文化啓心燈。河圖繼洛書，乾坤日月昇。
師大國文系，誠心古原登。永錫太平日，千秋萬世盛。

（1992.9.11）

苗栗山中茗香草茶品詩
——2006 年 6 月 10 日與元培技術學院教師論詩有感

山區梅雨至，林木碧青青。詩友喜相聚，驅車苗栗行。
主人待客好，花草入香茗。桐花白如雪，欖仁葉輕盈。
體悟自然美，談詩細論評。繁華落盡後，樸實見真情。
深山風雨後，初夏聞蟬聲。

閒坐偶題

雙溪天地外，青山燈火輝。東吳傳詩學，陶謝入玄微。
屈宋留神話，湘沅題楚辭。聖哲多坎陷，性靈見真知。
山水佳麗地，奇思泉湧時。虛室絕塵想，閒坐夜已遲。

（2008.10.23）

蘇杭行

蘇杭山水勝天堂，寒盡江南草未黃。
湖泊似海飄畫舫，江河如帶穿家莊。
六合面對錢塘水，九溪煙樹桂花香。
闔閭開國留虎邱，西施無罪吳自亡。
寒山古詩鐘聲在，楓橋千載聽風霜。
來杭州，遊西湖。到蘇州，登滄浪。
山川鍾秀人文盛，訪古攬今最難忘。

（1990.2.4）

姑蘇行

青錢好問舍，擇居蘇州河。
家臨運河水，門庭種青荷。
湖田出蓴菜，窗下織綺羅。
蘇繡天下貴，西塞傳漁歌。
江南菰米地，溝渠如棋局。

平蕪白粉牆，青磚黑瓦屋。
吳越多古蹟，民風本淳樸。
君不見，姑蘇自古是名都，
美人文士滿東吳。
徐文長，唐伯虎，
古園詩畫猶在壁，假山雕石竹影孤。
風流韻事今安在？付與茶酒話有無。

（1990.2.6）

西湖行

孤山石孤山脈連，斷橋不斷雪花鮮。
西湖三怪人稱道，長橋不長情意牽。
我來杭州尋古蹟，千年佳話如眼前。
梅妻鶴子真處士，梁祝恨史韻事傳。
來杭州，上西湖，端陽借傘雷峰倒。
連綿山水看不盡，湖山煙影從此渺。
人人只說江南好，靜坐湖心不知老。

（1992.8.24）

燕京行

我本江南客，北上帝王都。
高閣雄峙金鑾殿，秋水長廊昆明湖。
古柏龍蛇歷三代，白楊參天聞鵲烏。
日之升，月之恆，
本求萬代登聖城，寶祚千年鞏黃圖。
豈知朝易留宮苑，門牆凋剝見銅鑪。
如今帝死宮娥散，太和殿外花影孤。
遊人御苑說盛衰，夕陽殘照論有無。

（1992.9.1）

居庸關

大塞八達嶺，千嶂居庸關。
長城接秦月，蘆荻連漢天。
關外戍客征夫地，烽火狼煙數千年。
不登長城非好漢？好漢爭能比聖賢。

花開並蒂

蒙人南下逐水草，漢人持戈驅敵先。

大德懷仁同天下，穹廬屋舍毗相連。

青雲漠漠塞雁飛，白楊蕭蕭牧草寒。

君不見，塞南塞北一家春，酒家楊柳共飲泉。

（1992.9.5）

四川汶川災變行

——記 2008 年 5 月 12 日（農曆四月初八），四川八級大地震，數縣連綿成廢墟，百萬災民受災難，特詠此詩，致表關懷。

四川天府國，巴蜀神話多。

泯江流成都，四季花婆娑。

大禹古羌族，李冰都江堰。

灌溉萬頃田，千年永不變。

豈知五月天地動，綿陽汶川化塵煙。

巴山楚水淒涼地，山傾屋倒埋萬千。

蒼天何其不仁哉，芻狗蒼生豈能安？

彭州北川成煉獄，羚羊熊貓災禍延。

老爺子，四川娃，

天翻地覆頃刻間，淚灑殘垣舉國憐。

手牽手，心連心，

兩岸雄起共賑災，不信親情喚不回。

註：1. 李冰，戰國時代秦昭王（254～308B.C.）時，任蜀太守，建造都
　　　江堰，距今兩千三百年。當地曾建「二王廟」，以紀念李冰父
　　　子。然而此次地震，二王廟被震垮，而都江堰卻完好堅實。足見
　　　古人建都江堰之智慧。

　　2. 老爺子，內地人對溫家寶之俗稱。

　　3. 雄起，為四川方言，意謂奮起之意。

南庄行四首

其一

山彎彎，水彎彎。

彎彎小路繞三灣，

翠綠深林山村遠，

人間淨土在三灣。

其二

三灣鄰境接南庄，五月花開近天堂。
小巷民風多古樸，山水真情是故鄉。

其三

蓬萊溪水石崢嶸，出水游魚引客行。
南庄風物多民宿，向天湖靜映山明。

其四

南庄地屬客家墩，五月桐花白雪魂。
四面青山將綠遶，桃源世外又一村。

（2008.5.25）

元智大學四時歌

一、春歌

東風吹開九龍屏，九龍舞動聞倉庾。
青青學子敦品德，德茂才全比春櫻。

二、夏歌

南風送暖驚夏晴，紫荊花開自婷婷，
青青學子勤勵學，學業有成靠筆耕。

三、秋歌

燈籠花開引明燈，桃源盛地結伴行。
青青學子重樸學，工院人文具有成。

四、冬歌

后皇嘉樹歲月盈，果實纍纍勝橘橙。
青青學子創卓越，宏圖似錦日東昇。

（2008.10.8）

七　夕

猶記當初畏夏晴，如今七夕入秋驚。
吟詩始覺情難盡，翻曆應知歲易盈。
窗下聞鐘因坐久，階前對月為誰迎。
只緣聚會終須別，別後青山白露生。

（1983.7 七夕）

過重陽

芳原綠野恣行樂，難得浮生作客人。
雲捲青山山欲慕，風吹塘水水如銀。
聞道蘇杭形勝在，或云甘陝歌舞新。
停雲詩友邀相聚，同行結伴待來春。

（1983.9.9）

詠菊五則

一、白菊
獨有凌霜凝潔色，
世間怎奈難為容？
眾芳凋落西園後，
十月陽春始愛儂。

二、小雛菊

雛菊生鄉野，葳蕤自半開。

年華如逝水，粉黛若青梅。

坎陷時難濟，風霜蕊不頹。

君若憐碧玉，迎取上樓臺。

三、金絲菊

江南風月錢塘女，宛轉吳歌豔四鄰。

孅孅玉枝孅孅手，那堪攀折送行人。

四、十樣菊

九秋甘菊疊金黃，笑靨憑闌巧樣妝。

人道停雲多雅士，花枝把賞細評量。

五、家菊（獨木橋體，全詩用一字押韻）

園中家菊溢清香，福澤圍爐納暖香。

不與春花鬥香豔，黃花自有晚來香。

（1985.11.16）

己酉端午述懷兩首

其一

自別中州屢播遷，轉萍漂泊已多年。
柳枝豈為行人發，蒲葉卻因國士懸。
且抱衷情遺綠水，常懷悲憤問蒼天。
群儕雅致邀相聚，賦取〈離騷〉第一篇。

其二

客地無詩何以堪，新篇寫就題江潭。
曹娥行孝鬼神泣，屈子放歌珠玉酣。
惆悵楚山隔西北，呻吟湘水入東南。
孤臣烈女今安在，唯見汀蘺鎖暮嵐。

註：己酉年，與師大師生發起成立「嵐社」，並出版《嵐社唱吟詩稿》，
　　參與者有黃坤堯、余宗宏、劉輪秋、陳妤、阮群、甘秀霞、蕭啓
　　南、邱志明、柯萬成、酈侃元、葉麗華、陳惠文、黃麗嬋、鍾兆
　　泉、張相平、胡玉興、阮少梅、王穗蘭等數十人；如今，時過境
　　遷，已是數十年的往事，然而《嵐社唱吟詩稿》仍在，其中已有多
　　人，仍在杏壇、詩壇傳薪，可爲火盡薪傳。

苗栗風光二首

其一

古道往來行跡少，秋風蕭瑟動旌旗。
泰安泉暖迎賓客，海寶詩新驚歲時。
聞道南庄飛白馬，傳說北地種青芝。
林山好景勸君取，苗栗茶歌勝竹枝。

其二

弘法院中聚貴賓，林園禪境最真純。
秋來草色猶春意，石上茗香尚襲人。
騷客吟詩風雨動，畫家聯筆竹梅新。
同申祝賀迎區運，苗栗人情四季春。

（1988.10.16）

初至西湖

蘇杭形勝久聞名，自李唐來便有聲。
保俶斷橋情未了，望山壓堤水紋輕。
探求蘇家尋小小，應憐崔氏出鶯鶯。
西湖山色碧依舊，韻事春花如夢生。

（1990.2.3，農曆正月初八）

滄浪亭

文人名將築園林，彭澤歸來出世心。
涵碧閣前迎日月，聞吟亭上弄弦琴。
波光煙影爭蓬遠，漁父滄浪入浦深。
曠古才人多寂寞，江湖瀛島覓知音。

（1990.2.6）

註：滄浪亭始建者爲宋代文人，後韓世宗購得滄浪亭後，再予以擴建，
　　至今風華猶在，增添山水美談。

遊靈隱寺二則

其一

水杉筆直凋梧桐，前有青山九里松。
白傳題詩訪老納，荷香曲里任晚風？
勝緣古剎拈香火，入殿參禪聽晚鐘。
歲月悠悠千載後，巍峨靈隱鷲來峰。

其二

靈隱寺堂千仞柱，濟癲活佛井中求。
階前白雪三春雨，花帶天香八月秋。
才子殷勤題鷲嶺，江南名剎配杭州。
梵音飛越風塵外，喜唱竹枝結伴遊。

（1990.2.8）

註：杭州遍植法國梧桐，靈隱寺在杭州九里松。相傳建造靈隱寺時，寺中所用的大柱，是濟癲活佛從井中拉上來；如今在井中尚存有一根樑柱，作為寺中備用之建材。

孤山訪古念同遊

朱梅遍植半山邱，湖上初晴好逗留。
西冷石痕春應在，東窗弄笛志難酬。
文淵閣外漁歌遠，放鶴亭中詩句浮。
只恐歸來人散後，臨風何處憶同遊？

板橋扶輪社四十周年慶賀詩

結社扶輪四十春，板橋地寶出才人。
林家大宅風華在，南雅小吃花樣新。
濟弱扶貧施善德，造橋鋪路利群民。
青絲且數當年事，白髮殷勤益轉親。

（2007.12.1）

元宵燈節

燈節元宵爆竹頻，山棚煙火始唐人。
桃花流水迎新歲，香為民間萬古春。

（2008.2.21 元宵節）

三月春櫻四則

其一

三月花開氣象新，四方鑾駕接春神。
微風細雨迎天籟，清脆鳥聲奏銀鈴。

其二

三月春櫻自豔紅，輕盈笑意醉春風。
不恨花期春日短，無端春夢去匆匆。

其三

多瓣春櫻似雪花，巧手天工出仙家。
嚶嚶青鳥忙來訪，春到人間染彩霞。

其四（七古）

春櫻紅豔似佳人，秀出春枝第一春。
過往雲煙閱歷盡，獨立庭前意氣新。
碎瓣細細殷勤織，片片殷色最堪憐。
不信世間無人賞，嫁與東風逐紅塵。

（2008.3.4）

夏荷四則

其一

夏季荷紅迎白日，衣輕情潔滿池塘。
南風送暖田田綠，粉黛年華送暗香。

其二

粉妝淡墨面和風，轉眼殘荷隨落紅。

常恐秋深情愛盡，人生蕭瑟各西東。

其三

年華少女如春夢，一季相思一季紅。
夜雨無情摧落葉，前塵花事在風中。

其四

朝夕門庭枕彩霞，儂本身居水上家。
人謂脫俗滄波客，承露一杯酒裡花。

（2008.7.20）

八月秋桂四則

其一

雲南山水漓江心，四季如春在桂林。
古道南庄名此巷，秋來花色是黃金。

註：台灣苗栗南庄有桂花巷。

其二

八月桂花富貴香，輕盈清氣襲衣裳。
庭前風雨尋常事，白露霜前始斂妝。

其三

桂樹開花滿院香，秋高八月菊爭黃。
殘紅初綠謝家句，川媚山輝陸氏堂。
抱德懷仁探日月，群賢聚才演陰陽。
奇文異説仍猶在，薪火相傳鴻烈王。

（2008.8.1）

註：陳麗桂教授以《淮南子》薪傳上庠稱著，今引謝靈運〈讀書齋〉
「殘紅被徑隧，初綠集淺深」句，又引陸機〈文賦〉「石韞玉而山
輝，水懷珠而川媚」，譬喻其才德，爲世所用，並以詩相贈。

其四

秋來滿樹結珠璣，種植辛勤不願違。
只為清香方致遠，卻因花小見卑微。
文章精巧天工織，脈絡分明才氣揮。
探祕窮理望日月，品茗評點愛晚暉。

（2008.8.8）

註：陳滿銘兄台以文章結構學稱著文壇，終身勤苦經營，始知秋桂芬
芳。今爲友儕致意其勤奮，特撰詩相贈。

早春二則

其一

應律大寒冰雪少，門庭風月柳芽新。
單衫猶著不知冷，桃李枝頭已是春。

其二

己丑牛年在上京，園林初綠引倉庚。
閒來愛看新時曆，幾日風霜幾日晴。

（2009.1.2）

本名胡其德，一九五一年
生於臺灣臺南，一九九
○年於臺灣師大取得文學博士
學位，一九九七年升任教授。
從一九八八年到二○○六年，
曾經四度赴歐研究，稍識西方文化之梗概與西人治學之
法。

　　詩人稟天地靈秀之氣而生，於語文甚為敏感，通曉中
文、英文、法文、德文、日文、蒙古文等諸國語文。左手
寫史，右手寫詩。自小能詩，有所感悟，即擷景成章，發
為詩文。古體詩、近體詩、新詩和商籟，樣樣都來，未曾
讓繆斯入眠。幾十年的沈潛，突然一飛沖天。自二○○○
年起，八年內出版三本詩集：《翡冷翠的秋晨》、《香格
里拉》、《白日集》，亦稍得青睞。

　　性好讀書，遊山玩水，足跡幾遍及三大洋五大洲。興
趣極為廣泛，舉凡文史哲、宗教、藝術，靡不涉獵。以文
化史和宗教史為專業，曾出版專書數種、論文數十篇。

　　秉性耿直，嫉惡如仇。喜與孩童為伍，厭與俗人交
接。視富貴如煙雲，浮名如草芥。

新　詩

古 典 詩

詩　觀

　　詩貴隱微，不能把話說盡。象徵與隱喻手法爲詩家所常用，然上乘詩如神諭一般，渾然天成，超越一切手法。嚴格說來，詩不是「寫」出來的，而是從心靈筆管自然「流」出來的。

　　詩如天籟，有其內在的旋律和節奏，直扣心弦，不論古典詩和新詩皆然。惟此音樂性不必然從格律中求之。

　　一首「好」詩，首先要能感動人。詩中亦有「理」存焉，然「理」不能勝「情」。一流的哲學家通常不是出色的詩人。蓋詩首先是感通的，其次是語言的（聲音的），最後才是文字的、義理的。

　　詩中不必有畫，但必須能夠引發美感，即使於哲理詩中亦然。惟不能刻意雕琢，否則適得其反。

　　「詩的語言」是構成「詩」的必要條件，雖然不是充分條件。「詩的語言」是從日常生活語言轉化而來，而奇思妙想是點石成金者。

　　詩的「形式」與「內容」幾乎同時發生，無關因果。「好」的詩通常是兩者的和諧與一致。

　　詩無新舊，意有古今。在詩意的營造與效果的追求上，

「反諷」比「正言」更有力量。

　　先有「詩人」，才有「詩」。易言之，「詩」因「詩人」而產生，「詩人」卻不因「詩」而存在。想像力豐富又能敏銳地觀察人世、感動於人性者，等於取得了進入詩國的簽證。

翡冷翠的秋晨

微雨飄過羅馬門
終止於馬基雅維利小徑上
黃葉地
秋神的足跡
直登伽利略小廣場

且在林下流連
陽光穿透樹葉
發出翡翠的光芒
佩脫拉克的詩篇
在空中盤旋

忘卻聖徒　忘卻聖靈
或許也可以暫時忘卻上帝
詩人之國自成秩序
不必契約　不必正義旗手

和諧正自我建構

永恆的翠玉
阿諾河　亙古的綠
朗費羅的　徐志摩的
我的愛
在羅馬之外

翡冷翠的秋晨
微冷而清翠
而沈醉

（一九九五年八月寫於翡冷翠）

古龐貝人

一千七百年的龐貝之蛹
終於嚙破地之殼　橫陳
在維蘇威的陽光下
以化石的形式
重演著古代史

神殿前的　龐貝人的
阿波羅　依舊立在石板道旁
七絃琴化作想像之翼
翱翔於古今之間
方形神殿與圓形劇場之間

峨摩拉的天火
還是煉獄之火
火山灰洗禮的　龐貝的木乃伊
坐著冥思　或頂禮膜拜　或五體投地
肉身成道　倉皇化作完美

甦醒吧　巴庫司的門徒

入浴滾燙的酒池
讓靈魂再一次受洗
然後到石磨坊　到「愛之屋」
烘焙你們的麵包與愛情
或以紅與黑或白
鑲嵌你們的美學

或許你們眷戀永恆之鄉
一如小仲馬之所嚮往

（一九九五年十二月）

北京的憂鬱

明朝
我將離妳而去
帶著一夜的憂鬱……

雨　鎮日的擴散
從紫禁城到三環到四環
環環圍住　千年的滄桑

灰濛濛的天空
壓著灰濛濛的屋宇
屋宇下緊閉的心
窗外　窺視的水銀燈
像晚會裡冒出的「紅太陽」
榮譽的光環　輻射一絲絲的不安

鐵騎換成了鐵馬與轎的
以坦克車的履帶
交錯遊走　於千年的帝都
割裂黑色的胸膛

濺出黃色的血漿
在雨夜　泛著憂鬱的光

中都和大都
南京和北京
還有燕京與北平
妳的名字更迭
如霓虹燈字幕的明滅
一次更迭一次血……

明朝
我將離妳而去
尋找草原的明珠
一環溫柔的明月
稀釋這千歲的憂鬱

　　　　　　　（一九九六年八月廿四日寫於北京往呼和浩特前夕）

湖邊的風車

清晨
霧幔拉開了
一輛風車　停泊在白色的碎石路
和黑色的湖水之間

中午
靜止不動的風車宛如修行的僧侶
四片帆化成了
十字架　抗拒
發情的陽光

起風的黃昏
十字架旋轉如指針
在空中畫著　虛幻的圓
時間的軌跡
影子被斜陽切碎
拋在碎石路和湖面上

沒有月光的夜晚

風車　十字架和它的影子

碎石路以及湖水

都消失在早起的霧中

（一九九八年五月寫於萊頓，原載《中國語文月刊》）

倫敦印象

一、倫敦塔的烏鴉
棲守古塔間
只擔心危樓崩塌
幽魂無處安

二、塔橋落日
塔尖的王冠
掛不住危危落日
河水碎成金

三、肯辛頓宮
一朵雲飄過
雨中的肯辛頓宮
金色的寂寞

（後記：一九九八年五月重遊倫敦，得印象之鱗爪。感王妃之殞逝，遂
發為篇章，並出以俳句之體）

普羅旺斯狂想曲

一、薰衣草

藍色的髮浪
綠色的槳
載著我的目光之船
駛向遙遠的地平線

二、聖維克多山

一大塊白雲
掉在赭石的原野
和虞美人合作
把烈日也燒紅

三、聖皮埃爾公墓

誰能將松籟入畫
誰能把燐火入譜
微雨穿過疏林　藝術家的
鬼魂竊竊私語

四、米拉波大道

綠色的隧道裡
光陰被梧桐樹打結
凝住於「兩兄弟」前
在一七九二年

五、月之泳

一輪明月
掉入藍色的泳池
西向一個翻滾
碎成滿天星斗

（一九九八年六月，寫於 Aix-en-Provence）

向日葵夜宴

秋色十分
秋風三四級
秋陽從二十來度降到十五度許
飛廉已收割使君子的嫣紅　只留下青綠
沒多久　當太陽從牆角撤走最後一道防線時
向日葵就被迷離的燈海給浸濕　八爪魚的夜給攫住了

交情是盤上八分熟的牛排
交談是口中十分熱的紅酒
　　慾望與憂鬱
　　唯我與坐忘
　豐腴的肉體和神秘的氣質
語聲壓低了馬路　也讓晚風屏息

白衣黑裙的侍者來收盤子
並送來油燈黃的蛋糕和兩杯據說是免費的咖啡
偶然登門的少女　使談話不得不暫時中斷
隨著幽靈一般的影子　目光跌入陰鬱古老的迷宮

玻璃上夜露一般點點滴滴的語聲淡入了沈思
明朝還能轉動太陽嗎 疲憊而迷失方向的向日葵啊
（一九九八年十一月十一日寫於臺北向日葵餐廳，原載《中國語文月刊》）

一朵孤獨的雲

一朵孤獨的雲
沒有名字也沒顏色
孤伶伶地飄泊在天地間
冷眼看著紅塵

除了天空沒有別的行囊
流浪是唯一的路
偶而風把它吹成一艘船
也沒有停泊在任何山頭

當夕陽把天空染紅
它也沾了一些光彩
跟著來的聒噪的烏鴉
並沒有改變它的走向

只是一朵孤獨的雲
拖著苦行僧的雙腳
不知疲憊的追尋
那虛無飄渺的永恆

(二○○○年元月寫於臺北，原載《中國語文》月刊)

香格里拉

我們來到了香格里拉——
據說是神仙居住的地方——
尋找那失落的地平線
雪花先我們到來
覆蓋著大半個湖面
和掛在冷杉上的松蘿
以及冷杉間隙映著白雪的點點紅梅

石頭般堅硬的乳酪就在眼前
我們只能目食
沒有結凍的湖水倒映著
遠方的山脈和藍色的天空
凜冽的空氣吹醒了靈魂
我們的呼吸有點急促頭顱隱隱作痛

我們走了幾里路拐了幾個彎
看不到牦牛也聽不到水鳥展翅的聲音
沒有遇到神仙也找不到那消失的地平線
白色的寂靜似乎統治著這塊淨土

除了松雪偶然從耳際飄落

或許我們應該五體投地
回到虔誠的雪國子民的家裡
沏一壺熱騰騰的酥油茶
看那消失的地平線緩緩從裊裊炊煙中浮起吧

我心裡這樣想著
札一西一得一樂

（二○○七年元月寫於香格里拉，原載於《乾坤》詩刊）

哀世貿

又一座巴別塔　**倒了**
天際線成了地平線
撒旦的報仇
連上帝都皺眉頭

「熱點」在中心爆炸開來
所有的榮耀所有的尊嚴所有的財富
都隨著火花迸落　瞬間消失
而塔中千萬條生命　來不及抗辯
就化作千萬縷輕煙
四處尋找靈魂的出路

那曾經呼喚全球風雨的
曾經左右華爾街顏色的
金幣疊起來的高塔
如今只剩一堆瓦礫
和犬牙交錯的鋼架
無言地刺向天空

神學家重新改寫了
暴力的美學
但是　渺小的我
讀不懂這「偉大的」篇章
就像卑微的我
看不透這「崇高的」巴別塔一樣

幾年之後　也許另一座
新的更高的巴別塔會在廢墟中升起
但是　安頓我們受創的
心靈的高塔在哪裡

（二〇〇一年九月廿日寫於紐約世貿大樓被炸後九日，原載於《中國語
文》月刊）

米蘭的天空

教堂尖塔割裂的
米蘭的天空
群鴿飛舞
影子游走於街道
宛如黑袍的僧侶

尖塔的倒影
露出謊言的毒牙
刺穿了黑色的地脈
行人倉皇地奔走
一如被捅了窩的螞蟻

分裂的信仰
孕育出新的教堂
割裂的天空
卻閃著不祥的光

騷海中漂浮的島嶼啊
何日尋回

失落的地標

（二○○二年十一月初稿，二○○七年定稿，原載於《中國語文》月刊）

金峇蘭之夜

海鷗已然入眠
海水開始狂騷
潮來潮往
重複千年的囈語

燈火接掌了落日的昏黃
陡地把夜色點燃
火龍的眼睛
盯著南半球不眠的沙灘

魚蝦和著酒入了肚子
鄉愁卻隨著霧氣浮起
旅人從夜色這一頭走過去
歌聲從燈火那一頭傳過來

憂鬱的熱帶
金峇蘭　不眠之夜
潮騷的海灘
響起了　北國之春

（二○○四年元月寫於峇里島，原載於《乾坤》詩刊）

烏鴉頌

祢們是來自天堂的使者
經常捎著上帝的祝福
盤旋在黃昏的天空
宣告一天工作的結束
和晚禱的開始
祢們背負著夕陽
卻使自己蒙上了地獄的顏色

偶爾祢們成群結隊掠過天際
在天空形成一道移動的大黑幕
以先知的聲音預告暴風雨的來臨
不斷地嘶吼　把嗓子都叫啞了
卻背負了惡兆的罪名

在孤寂蕭瑟的冬日
祢們苦守枯枝以製造風景
或者冒著冷風呼嘯而過
只為了把寒冬劃破　把春天叫醒
雖然有時候叫落了風雪

可憐復可敬的黑袍天使啊
請祢們繼續翱翔天空
盡情地呼叫　並且
偶爾翩臨教堂前面的廣場
與白鴿一起享受美食吧

（二〇〇六年寫於法國，載於《藍星》詩刊）

巴黎的那一條街

聖殿武士東征去了
把名字留給了街道
十字教堂外面
游走著阿拉的子民
人聲夾著叫賣聲
彷彿置身中古波斯的市集
只是不見肚皮舞孃和駱駝的蹤跡

從早到晚
街水由東往西流
好像要洗掉歷史的傷痕
但是武士的英魂已隨著
聖母院前火刑柱燃起的輕煙而去
而此地已淪陷
即使晴朗的日子
大半邊的屋宇沾不到
行人也反射不出基督的光

我走進一家雜貨店

阿拉伯裔店東陰鬱的眼神盯著我
我們沒有交談
長袍和古蘭經隔在我們中間

暮春巴黎的那一條街
竟然勾起了我無限的鄉愁

（二〇〇六年四月寫於巴黎）

到楓丹白露的路上——向海涅致敬

午後的天空沒有半點雲
到楓丹白露的路上沒有別的人
只有納西瑟斯尋影於林中
可惜三春已過楓葉未紅

諸神流放的地方也是一塊樂園
沒有文明臍帶的精靈自由往來嬉戲其間
只是此刻烈日灼傷了巨石的嶙峋
蒸發了所有的靈泉和詩魂

森林小徑上的花香越來越濃
傳說中的美人宮殿就在前方不遠處
但是時間只能流逝不能還原
皇后早已搭著時光的馬車離宮

而孤獨的遊子還得兼程趕路
花都有今夏的最後一場晚宴

（二〇〇六年七月獨自穿越楓丹白露森林有感而作，原載於《中國語文》
月刊）

秋　情

春天走了
留下一株心情
和兩朵微笑
在秋日的斗室
靚女的酒渦
綻放出一陣陣的咖啡香

窗外
杜鵑癡情的血
凝結成秋天的眼淚
點點滴滴灑在楓葉上
染紅了整個天空
未完成的春夢
就那像破碎的繭
隨著秋風　無聲無息地隕落

一樣的秋天
兩樣的心情

（二〇〇七年十月，原載《中國語文》月刊）

給雙魚座的女孩

捎著春天的信息
以從容優雅的姿態
搖首擺尾於天光樹海
把葉子吹綠
給牡羊戴上花冠
然後乘著五月的浪花離去

在七海之中
妳恣意地迴游著
有時化成一條美人魚
貼著岸邊歇息
悠閒的身子
是永恆的倒影

當海上的射手酣睡如泥
當水瓶重新掛上天際
當子夜的鐘聲響起
這時
妳將擁著浪花入眠

於黑甜鄉的海洋

美麗的比目魚啊

（二○○七年十一月夜書，原載《中國語文》月刊）

邂 逅

偶然地
我們相逢在車站
你行色匆匆
我歸心似箭
眼神的剎那交會
引發了磁波　一次美麗的撞擊

迎面而來的風
吹散了我們的寒暄
時光的列車飛馳而過
我們一時無法睜開眼
磁波也跟著斷了線
墜入茫茫的人海之中

兩顆飄浮宇宙的粒子
期待另一個偶然
另一次美麗的撞擊

（二○○七年十一月廿日寫，原載《乾坤》詩刊）

咖啡館的冬夜

深巷裡
冬天不賣杏花
到處流竄的發光的水蛇
掀起了夜之潮
攪動了布拉格的咖啡
咖啡上頭冒出了白色的肉桂花

深瓶裡
靜靜地躺著山歸來的朱果
白色的野薑花偎在牆角
和野玫瑰一起釋放出夜的幽情
嫣紅的日本娃娃似乎永遠不老
就像六八年之後就不再凋謝的
布拉格的春天

深冬裡
我獨自一人
啜著鍾愛的咖啡
思索著遠方

不再凋謝的春天
以及咖啡一般甘苦交織的
生命的春天

（二〇〇七年十二月寫於臺北，原載《中國語文》月刊）

美人三部曲

美人送我一把芹
要我寫一首詩回贈
我搜索枯腸絞盡腦汁
卻連一個字都擠不出來
只能送給她幾個輕輕的吻

美人又請我吃義大利麵
沾著青醬的……
希望我青春永駐
再談一場義大利式的戀愛
我卻發現麵條早已爬到了我的臉上

美人再請我喝卡布奇諾
配著迷人可口的黑森林
我沈浸在蜜汁與牛奶的世界
塵世的煩惱與辛酸好像都不存在了

可是當我用完這份特殊的餐點
美人卻隨著午後的輕煙

消失得無影無蹤
留下我一身的惆悵和一臉的茫然

（二○○七年十二月寫於臺北，原載《中國語文》月刊）

卡地夫的女孩

卡地夫的女孩
妳不應該赴陌生男子之約
因為他們可能是撒旦的化身
或是埃羅斯派來考驗妳的使者

卡地夫的女孩
即使妳執意要出門
妳也應該戴好布爾卡
難道妳不知道外面吹著狂風沙

卡地夫的女孩
即使妳堅持赴約
妳也應該鎖好貞操帶
雖然它比牛軛還沈重

卡地夫的女孩
妳不應該讓人知道妳受辱
因為阿訇因此而蒙羞
阿拉也受到嚴厲的挑戰

卡地夫的女孩
請妳認命接受鞭刑吧
因為它不會比火刑還可怕
也不會比魔鬼的欺凌還痛苦

卡地夫的女孩
有「罪」而無辜的女孩
我的心將為妳而淌血
我的眼將為妳而流淚

（二○○七年十二月寫於臺北，原載《乾坤》詩刊）

四　季

交配的季節
蟲豸蠢蠢欲動
蜜蜂和花粉交配
青鳥和白雲交配
鐵牛和大地交配
風和雨交配
而所有的慾望所有的企圖
都指向春天的最後一個音符

浪花的季節
浪花的人生
沒有一刻是靜止的
沒有一點是不亮的
熾熱的陽光蒸騰了整個海面
弄潮兒征服了夏日不設防的海岸
沖浪板挾持浪花撲向沙灘
沙灘上驚呼狂奔的少女
濺起了一陣陣肉色的浪花

豐收的季節
季節的顏色是金黃
金黃是秋霞的顏色
金黃是果子的顏色
金黃是稻子的顏色
金黃是黃金的顏色
金黃是一切幸福一切飽滿的顏色

沈默的季節
雪花無聲無息的飄落
葉子無聲無息的殞落
流年無聲無息的走過
沈默是必要的休止符是必要的等待是必要的
等待另一次奮起另一次昇華
另一齣春天樂章的響起

（二○○七年年底寫於臺北，原載《葡萄園》詩刊）

京都夜雨

黃昏下來的雨
助長了夜色的氾濫
把黑色的廟宇和宮城淹沒了

驛前閃著光的高塔
在夜潮中浮起
稀稀落落的行人
漂浮在虛幻的光影之中

凌晨滴滴答答的
雨聲　敲醒了旅人的鄉愁
古街潮水已滿
窗玻璃上迷濛的雙眼
也漲了潮⋯⋯

（二○○八年元月寫於京都，原載《中國語文》月刊）

神戶港邊的聯想

如果
牛排是神戶的
那麼
港灣是海鷗的
旁邊的電線桿也是海鷗的

如果
港灣旁邊的黃色教堂是神的
金色陽光是老人和流浪漢的
那麼
什麼是漂泊者的

鹹濕的海風
還是隨風而逝的跫音

（二〇〇八年元月寫於神戶，原載《乾坤》詩刊）

逃出大阪城

逃出河豚的誘惑
逃出梅田地下的迷宮
逃出妖冶迷人的歌舞伎
逃出難波洶湧的人潮

飛向海鷗的大洋
飛向烏鴉的天空
飛向八重野梅的園林
飛向大海中漂浮的島嶼

我的心
掛在天守閣的重簷上

（二〇〇八年元月寫於大阪，二〇〇八年十月定稿）

與小公主的約會

一眼就認出了妳
微暈的斗室
黑壓壓人群中的一盞燈
在初春　一個微寒的午後

經歷了三百年的風霜
妳仍然保有五歲女孩的純真
宮廷畫師用彩筆凝住了時間
也留住了妳　無憂無慮的青春
金色的捲髮和寬鬆的蓮蓬裙
反映了妳高貴的出身
紅色的飾花和黑色的滾邊
卻暴露了巴洛克的虛華

也許人無法選擇出身
也許人無法擺脫宿命
但是人可以選擇站立的姿勢
可以選擇在生命的一刻發出光芒

畢竟

巴洛克是浮華而古怪的

洛可可纖弱得禁不起些許的風

而妳　妳清澈的眸子發出的光

穿越了時空

超越了一切偏見和膚色

像宇宙的極光把所有的目光都吸入了

就在此時此刻

純真展現了　永恆的風華

（二〇〇八年二月寫於臺北，原載《葡萄園》詩刊）

今夜，請不要為我哭泣

今夜　我將倒下
但是請不要為我哭泣
因為我將做妳的墊子妳的後盾
把妳墊高　把妳抬起

今夜　我將謝幕
但是請不要為我哭泣
因為我已演完我的戲碼
我也曾經努力詮釋妳的偉大妳的風華

今夜　我將隱沒
但是請不要為我哭泣
因為妳的淚水　妳真心或假意的
淚水會讓我在幕後沈得更深

今夜　我將沈睡
但是請不要為我哭泣
我的心永遠屬於妳
雖然我已倦於化妝倦於慇懃

但是　福爾摩沙
我鍾愛的福爾摩沙
請妳老實告訴我
今後　妳將何去何從

（二○○八年三月寫於總統大選之後，原載《中國語文》月刊）

一首未命名的詩

～⌒⌒～‿‿～⌒⌒～

紅顏是上色的誘惑
酒渦是致命的漩渦
連靈魂都不自覺地捲入了

流轉的秋波
有時也造成一股風暴
在逐漸老化的眼谷來回激盪著

就以雲彩為顏料畫妳吧
但是它變化得太快了
雙手終於擱淺　在向晚的天河

算了　還是
拿彩霞和著酒來喝
酒杯裡洸漾著妳的容顏妳的秋波
．．．．．．．．．

夜之口
冷不防吞噬了
我

（二〇〇七年八月初稿，二〇〇八年五月定稿，原載《中國語文》月刊）

給陽光女孩

午後鐘聲敲打的
海面　逐漸騷動起來
沙灘上沈睡已久的
夢想都被喚醒了
妳的心也跟著澎湃起來

潮水拍打著午後的虛白
陽光肆意在妳的肌膚紋身
海風追逐妳的髮茨
敞開了妳的胸懷
造成一陣漩渦　然後飛颺而去
妳張開天蠍的臂膀
企圖捕捉那鹹濕頑皮的海風
海風瞬間從妳的指縫溜走

女孩
陽光的女孩
奔馳在夢土的女孩
讓影子歇息吧

海風自然吹拂過來

而妳
陽光紋身海風吹拂過的
妳　依然是純潔無邪

（二○○八年五月，原載《葡萄園》詩刊）

啊！阿勃勒

裹著一襲綠裳
綴滿黃色的蝴蝶結
妳柔荑的千手挽著晨曦與黃昏
就這樣走過了一整個夏天
未曾衰老妳的容顏
雖然去年的黃昏已修成黑色的正果

當暖風把蟬聲吹得震天價響的時候
妳身上也滑過時光馬車清脆的風鈴聲
無視於陽光漂白的企圖
妳堅守著黃色的冕旒
那帝王的標誌星辰軌道的顏色

有時候妳化身為午後的一場黃金雨
暈染了整個希臘的天空
也潤絲了夏日飢渴的小徑
就像宙斯神聖的體液
豐饒了維納斯荒蕪又芬芳的丘野

最喜歡在黃昏時靜靜地看著妳
看著妳掛起黃色的酒帘
引誘詩人進入妳精美設計的沙龍
翻滾一齣黃色的風暴
此時　我是觀者又是演員

但是　我知道夜幕終會落下
正如黑色是一切顏色的歸宿

（二〇〇八年七月寫於蝶飛鳳舞花園，原載《乾坤》詩刊）

柳園道上見
海市蜃樓

莫非古城郭　　地下起幽魂
樹影千家住　　波光何處村
荒煙迷里舍　　暑氣亂乾坤
幻景忽焉滅　　高陽照礫原

敦煌即事

瓜州過了是沙州　　黃漠無垠擁綠洲
風拂白楊鬼拍手　　駝背炎日陸行舟
莫高窟內飛天降　　千佛洞中婀女遊
邊塞傾圮烽火熄　　城南依舊月泉流

少女峰

秀拔青岑少女峰　群山環拱玉芙蓉
終年不化安貞白　我欲探摩冰雪封

陽明山早櫻

數點紅櫻入眼新　雨餘林下草如茵
酡顏終有辭枝日　已佔山頭第一春

聞師大新建高樓將移老樹不禁
感慨系之因占七絕五首以誌之

黃檀皺皺紫檀寬　　常得諸生帶笑看
聞道高樓拔地起　　風聲颯颯雨聲酸

雙檀交錯插雲深　　老樹盤根通地心
留得一枝春尚在　　時來飛鳥送清音

紫氣東來近百年　　枝繁葉茂欲摩天
春邀明月秋兜雨　　忍令香檀五鬼遷

紫檀西側是紅樓　　共載風霜八十秋
林下優游成記憶　　一朝移去湧千愁

去年阿勃勒花黃　　串串流蘇映夕陽
金雨飄移荒徼去　　佳人何處會情郎

（癸未年仲春寫於師大）

花開並蒂

送漢平之淡江

遠丘含黛樹煙輕　雨打鵑城別有情
桃李園中春宴罷　淡江波詭待君平

乙酉春西林野浴

峽谷森森地不平　野泉噴薄少人行
山林春曉風吹處　獨浴滄浪待月明

桃源仙谷見野薑花

玉蝶翩臨隱士家　百泉溪畔野薑花
秋來漫把芬芳透　不與楓紅爭晚霞

冬日遊草嶺古道

古道蜿蜒樹蔽天　摩崖虎字鎮蠻煙
芒花似雪落山脊　淥水如瀾過海肩
商賈兼程通蘆貨　先民胼手闢良田
劉公已杳遺芳在　埡口風狂思悄然

春遊牡丹水庫

風馳浪破雨霏霏　綠水青山白鷺飛
飽飫春湖渾欲醉　小舟堪臥不須歸

遊貓空杏花林三首

仙人昨夜下蒼穹　幻化千林點點紅
採得芳枝看仔細　三分春色七分空

臨野方知造化功　春風一度半山紅
遊人笑語花間碎　歌詠還須陸放翁

櫻花開謝太匆匆　殘杏枝頭迎暖風
莫道春神絕塵去　南坡猶有杜鵑紅

夜　讀

萬籟俱云靜　蝸廬晚更幽
熒熒燈下影　悃悃卷中囚
披覽三墳老　頻搔雙鬢秋
無心稻粱計　只恐蠹魚羞

詠秋蘭

舊宅花開獨自看　一株三蒂傲霜寒
芳菲不與春蘭共　只向黃昏點紫丹

憶友人

繁花如火滿庭燒　嘗與佳人共一朝
笑摘黃蟬簪秀髮　更將青柳比蠻腰
跫音已逐雁聲去　鬢雪未隨雲夢銷
十載蹉跎竟何事　故園風雨自瀟瀟

漁梁壩

新安古渡頭　一水到杭州
雞犬人家巷　鸕鷀䑸艋舟
長蒿撥綠水　短髮映青丘
李白問津處　漁梁過幾秋

冬日登點蒼山

索道如梭穿嶺雲　梅花似雪落紛紛
點蒼山上中和寺　午後鐘聲十里聞

渡月橋橋在京都嵐山

渡月橋邊鷗鷺家　嵐山深處有神鴉
天龍寺裡鐘聲晚　老店張燈映彩霞

大阪城梅園

大阪城依舊　園林春欲透
閣樓人去空　誰把梅花嗅

七星潭

七星潭上雨瀟瀟　春谷風急掀海潮
水霧濛濛浪花白　老翁何處下魚苗

雨中登白米甕砲台

海畔山巔古砲台　石階殘壘長青苔
狂風帶雨春潮急　疑是千軍萬馬來

吉安道上

吉安道上雨初殘　綠野平疇任眼看
油菜花香邀粉蝶　波斯菊豔勝幽蘭
積雲如雪覆蒼頂　騰氣成嵐浮翠巒
風景由來此心造　不須慨嘆路行難

戊子清明夜與揚松諸友會飲言談甚懽歸而賦詩贈之

花落春將暮　雨收天轉藍
梁園賓客散　金谷語聲甘
綠螘催詩興　朱顏對酒酣
清明秉燭夜　往事不須譚

仲夏日與家業同登皇帝殿

林木蒼蒼日欲曛　峰巖陡滑絕麇群
玉人遄興吹橫笛　震落山巔幾朵雲

欲朝帝闕上天梯　龍脊嶙峋雲海低
寶殿森羅無覓處　不如早下武陵溪

故宅曇花開暗香浮動
占得一首

小閣清香發　涼風搖皓月
幽人夜未眠　祇恐芳菲歇

再登皇帝殿避雨佛光寺中聞
寺即將沒入官府不勝感慨

山林滴翠濕苔階　兩度尋仙攀陡崖
皇帝殿中香客少　嶺風如浪向人排

蟬雨聲中梵唄聞　驚雷劃破嶺頭雲
可憐佛祖無邊法　不敵官家一紙文

訪寒溪部落泰雅族
居地也

寒溪漠漠長蒿藜　彩蝶翩躚野鳥啼
歌舞方酣山谷動　觀魚濠上日頭西

達娜伊谷

達娜伊谷果無憂　千百魚兒自在游
爭奈一番雷陣雨　清流汩汩變泥流

註：達娜伊，鄒族語無憂也

與家業登鹿堀坪古道

頭前溪畔草萋萋　古道蜿蜒入眼迷
追躡野牛蹄印去　蟬聲飛瀑鹿坪西

阿勃勒三首

誰將此本染官黃　欲與冕旒爭帝王
招惹群蜂看究竟　誤傷仙子彩雲妝

花重南園壓枝低　風吹金雨落秋泥
他年玉殞香消處　應有雛黃入眼迷

天竺飄來幾度霜　流蘇翠影共斜陽
繁華褪盡風姿在　落地生根是故鄉

戊子秋日訪彭氏於六龜
明心妙意園園中花木扶
疏五彩繽紛間有清香入
鼻賦詩記之

秋氣邕舒塵慮消　憑欄遠眺聽江潮
佳人興至花間立　欲與羅蘭爭晚嬌

莟濃溪畔野薑花　露白秋深吐月芽
沙渚風迴夜潮滿　幽香飄入玉人家

徐國能 簡介

徐 國能，1973 年生於臺
北市。東海大學畢業，
師大國文研究所博士，任職於
師大國文系，以詩學之研究與
教學爲主。論古典詩主張醇
雅，思想情意應透過古典意象來呈現，同時以詩爲修養，
在詩的閱讀與創作中體認、表現傳統文化協和清淡的悠遠
意境。論現代詩則主張抒情本質和實驗性兼具，好的詩能
在意象、語言及形式上追求突破，彰顯并思索存在意義的
「現代」特質。

　　古典詩曾獲「臺北文學獎」、「臺北市公車詩暨捷運
詩文徵選獎」、省立圖書館「詩人節全省詩人聯吟大會獎」
等；現代詩曾獲「大武山文學獎」、「中央日報文學獎」、
「臺北市文學獎」、「全國學生文學獎」等，出版散文集
《第九味》（聯合文學）、《煮字爲藥》（九歌）。

新　詩

下　山

左腳追趕山巔日與月的身影
右腳已涉過春而復秋的水涯

如此而已　陌生的眼中滿是熟悉
昨日憩息的暮秋老樹下
生老病死與滿身藤蔓共沐夕照慈靄
偶爾也用寧靜的耳俯聽喧囂，唧唧秋蟲
總在寂寞裡盛開癡妄的遍地落英　如此，而已

總是不解春風為何一再喚醒已然磷化的荒塚
離離的是身前還是身後心事　總是不解
要何等清涼的心才能置放人間偶然微笑
而雨夜燈下的歌聲與寒冬趕集的足印如何開謝
是不是一枚拈花的手所能摘取

因此我將行過你的牆垣你的輕煙　你的嘆息

你的舟楫　為你在袖中植一片竹林
在眼中留一盞燈火　每當一個懸念
牽掛著另一個懸念，我便要輕掩山寺的門
在人間走成火走成雨　走進
非我之我　非你之你……那時

右腳才沾濕了泥塗莽草的水露
左腳已踏熄荒灘上焚燒漂流木的殘燼

2007秋末，行經信義區

節慶的叫賣傳達天聽已漸悲涼
吹在秋日的風恍如昨天
那麼多的顏色傾倒在眼中
枯乾了一片樹林黑色了一座巴別塔

穿過一場小雨（悲傷的，喜悅的？）　穿過
生鏽的新廈　流淚的華服
秋天靜靜闔上一口心的箱子
遍地開滿流言的黑傘

一些遠去，一些遲來
升降梯、汽球、靈魂的哀索、初老的夜色
煙與城市　貓咪的夢境
繁華也不過如此　塵埃也不過如此
他們將鑽石鑲在時間的河上
因此有了恆河一樣的永恆

請給我一枚領夾扣住呼喊，給我靴子走向自己
給我天空灰色的夢　行人深深的步履

讓我成為賣唱人那根流淚的絃
手風琴裡那首暗紅色的歌
在嘶啞風裡
請為我攔一輛搖滾的車（黃色的，透明的？）　駛向
冬天，無岸的靈河

重遊，大安森林公園

我的孩提已綠成一株垂柳
童黨的誓約並沒有生長出果實
春天，思念會悄悄萌生
許多兒時的故事埋藏在青草地下
每當我重新來到，穿過印象的牆垣
便急忙在遊人的喧嘩笑語裡
尋找荒蕪在歷史中的故園，挖掘
心中的那盞母親點亮的燈火
成長艱辛如蛻殼的蟬
不因夏的遠去而遺忘了一生的歌

公寓事件

樓梯

自病院歸來
老太太坐在樓梯的耳膜裡
用蒲扇驅趕蚊子　用過往的足音
驅趕鄰居眼睛看不見的恐懼
指著一屋子要吞噬她的白晝
老太太手中的電話簿上沒有一個名字

和影子猜拳一下午　郵差不曾來到
只有風為她梳頭
像風琴一般輕踩著歲月登臨晚年　老太太
坐在最高最亮的一階曬乾自己　用樓梯的齒
啃完一路遺落的空洞生活

天使架走她後
祇剩影子還不肯下來
時間掃抹公寓與住戶們童年的記憶
漸漸我不再聽見足音　而樓梯
　（我的孩提與她並肩坐著的樓梯）
似乎也不曾存在

鴿

失業的父親沉默地在樓頂
用鴿群犁耕每一個晨昏
我的心田長出白雲　一畝
會唱歌的作物父親從不收割

城市不斷長高　我們的公寓
在天色裡矮了下來　鴿群不曾迷路
鴿群遶過死亡的肩膀降落在父親墓前
飛進他乾渴的眼中

田園荒蕪了　禁建鴿舍後
只賸許多少女潔白地飛行於我頰邊的淡青
日漸瘦小的父親親手拆除夢想
但無法揮趕窗邊數十雙焦灼的眼神

我也一樣無法揮趕
多年後的島嶼的另一端
每逢夜雨　微燈溫著公寓的關節炎
總有漏水和鴿群憂傷的咕嚕聲

透過父親心中那扇緊閉的門
清晰而來

出　走

山在你的眼中　雪在你的腳前
世界在屋脊之下，沉睡
十萬年前的火也許十萬年後的冰
輕輕走過　彷彿怕驚醒了藍色的天際
遠方是一痕永遠憂鬱的國度
子民們需要更多手的合十來餵養靈魂
葛瑪巴，你要走過巖谷　像影子
親吻每一方土地　像沐浴
幼小神聖的孔雀王　你要涉過川流
葛瑪巴，你和子民們都需要更多足印
見證盤坐蛇的嗅信如薰香之殿　讚美風雨
甘實如酥酪
然後你才有纖綠的荒野，才有火炬
在你的身後綿延而淚流　那時
一剎那間是生也許一剎那間已亡
但你仍是天地的嬰孩
朝陽將塗金你昨夜的來路，葛瑪巴
黎明即在你乾淨的眼中清醒過來

註：第十七世葛瑪巴活佛伍金赤列現年十四歲，西藏第三號精神領袖，
　　為學習佛法與尋找失落的法冠， 1999 年 12 月 28 日出走拉薩，十日
　　後抵達印度達蘭沙拉。

古城樓

四季摩挲過我，也綠過
近了的不是昨日擔來春光的腳伕
吆喝讓路
遠了的是騾隊的步履
在時間的深秋染霜

曾有臨風的笛曲，隨著
目光在遠處散佚成夜的霓彩
潮水一般湧來倏地淹沒了眉宇
老是倚牆凝望的戍卒
一生的夢便嵌進了青石的鏃紋
沉落在我的心中

如今，偶爾也有春燕銜泥
用一個舊式的巢來安慰我的寂寞
而公家的維護員總是只關心
剛補上的洋灰
能夠抵擋多久的風化

未來世界・卡式生活

插入儲值卡搭捷運通往明日
插入電話卡對機器冰冷說出相思
插入金融卡提領前半生的意義
插入信用卡預支後半生的空寂
插入健保卡聆聽心臟雜音與生命的密談
插入會員卡以量販價購買生存的必需
插入影印卡在心田複製一首少年時代寫的詩
插入保全卡開啟滿屋交付荒涼保管的夜
插入網路卡撥接文明記憶的神經中樞搜尋失落感
插入國民卡確認國家領袖主義
插入自己流動於氾濫的人群
插入對上一個世紀的懷念在無夢睡眠中

然後　　抽出
空白　　抽出
空白　　抽出
空白　　插入
抽出
空白

民歌老去

娜娜老了，瓊拜雅老了
歌還年輕得像片橄欖葉，一枚發燙的星石
可以唱醒荒廢三千年古城的心臟　整片美國
東岸的深秋西岸的幽潮

賽門與葛芬柯老了，四兄弟老了
歌還年輕得像是那晚的月光依偎著河流
奔向遙遠的亞洲戰火光中的一封信
像飄在女孩子裙襬上的野花
似乎要唱醒荒野上的鏽砲，那個帶著夢想
如今長眠於斯的小伙子

彼得、保羅與瑪麗也老了
歌還年輕得像昨日沒有離開前的我
唱醒下著微雨的週末是淡黃色的窗景
在地球旋轉中在學院老去的我賣掉了收音機
半篇沒有寫完的詩就放在抽屜裡

連鮑伯狄倫都老了，更何況在那時相遇的你

用歌聲來戀愛與詛咒繼續旋轉的地球，老了老了
年輕起來的只有老唐和盎寇丹（註）
用一首歌買下世界或開往成功的人生，也許

　　半篇沒有寫完的詩就燃燒在灰燼中吧

註：在晚餐後聽見某銀行信用卡以唐・麥克林爲配樂，某名牌汽車以
　　丹・佛柏格爲配樂，感賦。

噴　泉

只有四點二十五分的灑水器還記得
那年的戰役　銅像的微笑在時間裡生鏽
廣場上　所有人都不再降旗
行三鞠躬禮　染髮的青年都不再正步
守則

晴空鴿化　銅像不再校閱
分列式的繁花　儘管春天在鬧革命
警棍只驅趕烤大腸的餘香
憲兵鐵靴沉重，交班時
就輕輕擦亮遊客的閃光燈　那年的戰役
就在該被遺忘的地方遺忘了

但四點二十五分的灑水器仍會想起，固執地
自動灌溉許多不再國定的假日
自從週休二日
那年的戰役　也只有
拾荒老兵的半條瘸腿才會想起
當嵌在深處的回憶隱隱作痛
偶爾在四點二十五分

在橋下

——為一年老的計程車司機而作

駕駛過飛馳於橋上的歲月
曾經我也主宰過自己
但青春的車資只付給河一樣蜿蜒
秋日午后一般幽靜的時間

而今斑白如我　用一生熟背
整個城市的毛髮、體味與臟腑
　（多像一首詩的密度與質量）
那是我相許一生的愛，我的妻……
停電的颱風夜依然熟悉地握完每一條手
我有我發光的方式　當眾人徬徨
翻找掉陷在記憶裡的燈火

容忍關節炎並善用義肢　城市生活
接近於終日愛撫彼此缺殘
我也平凡地與這個軀體相互習慣，漸至吻合
每夜，嘆息緩緩擴張的表面積
越過時間與河水　佔滿荒蕪彼岸

我的夢中

但不再有方向了　生命依然跳錶
我們綠蔭的夢此刻相互依偎且逐漸糾結
那是午寐的風傳來打樁的鋼鐵聲
那是我一生的埋藏
在橋下……

安全島

群鳥飛渡，我們的城
生根於此狹長地帶的花正開落
城市的眼睛閃爍
我們將穿過彼此行跡而走向未來
探索你我的停留，在脈動的城
我的回首不正是你的彼岸？
佇立於此，小小的一方寧靜
縱使陽光蔚藍　縱使
細雨翠綠

忘　言

我已不再言語了
不是遺忘，而是記得
有關於燦爛過的
沈淪過的
一種激昂　一種無奈
一種在山風裡搖曳的美與無畏
那不過是潦草的生命寫意詩
輕率地便失去了
或者擁有
亙古的枉然　迷痴
一笑　一嗔
瞬間生滅之悲欣
鼓樂章服曾自天空臨降
筵席的盤盞如今只剩塵埃了
青衣散髮是依舊的遨翔
一襟酒後清靜的天地江河
一山晚空　一世行吟……
而我已不再言語了
不因寂靜　而是
喧囂

我的名字叫花蓮

我是一首飛鳥的歌，抑或一罈黃昏
漸漸濃鬱的酒
我是一泓迴蕩的波瀾
浪的指尖彈奏夏天最長的海岸線
反覆低吟這濕亮的名字
而秋夜的豐年祭裡你將醉倒
在我的星空與露滴
你好，我的名字叫花蓮
碧玉的質地像詩
輕輕的震顫像愛情
渾厚而高吭的歌來自鑿穿岩壁的激流
讓我牽著你的手去認識幾萬里的海風吹向山谷
只為了說一句思慕的話
請跟好我的腳步
來到幽谷探索你更深邃的心
我是山與海的孩子　雲與潮的弟兄
我是花蓮
夢與愛的父親

大度山上的風：獻給　文學

你讓大度山上吹過的風都押韻
夜都抒情
一片細小的葉子
就夾在經典的隱喻中枯黃又碧綠
你讓相思樹仰望相思
你讓霧中的教堂
在婚禮的鐘聲裡神聖而閃亮
陌生人偶爾相逢
你為他們斟滿夢想的杯子成為朋友
寂靜的夜裡　你用星星
奏著流水的音樂
我是燈火滅後煙的舞蹈
曾經我靠在你的身上睡去
醒來時藤蔓已爬滿磚紅的院牆黃昏
曾經我在廊簷的風裡呼喊
你沒有回答我的少年
你讓所有的秋日都金黃
所有的孤獨都美好
我將穿過獨木橋來到一口幽深的井

汲取一滴昨日的清泉
或著那是愛情般的早晨
我就站在薄霧的菩提樹下
你讓我不再老去，不再年輕
你讓我不曾離去，亦不曾歸來
我的詩句不須朗讀
我是飄落在你手中
那行瑰色隱喻的相思葉
是大度山上推開你的窗子的風
我是你少年時代點亮的夜
所有詩句只為你
只為你
存在

南半球的信箋

在南半球寫一封信給北半球的冬天
沙子的質地，帆船桅杆
斜斜地沾著天藍色
描寫鷗的　旅人的
夕陽約會

無論是誰收到都沒有關係，北半球的冬天
適合思念，或是輪流說一個長長的故事，喝光
南半球般整瓶橙色的酒
然後吐出一口波動的墨綠色的煙，我的信
就像海藻珊瑚與一個過高的浪
將湧進冰霜漸結的房間

會不會有潮聲在歡樂的節慶裡寂寞
或是一場霪雨霉濕了剛被曬暖的木笛
你也許正在灰色公路上做漠然的夢
用盡想像力也說不出一個關於愛的形容詞
北半球的冬天是藍色的郵簡
在搬家後的信箱發潮

花開並蒂

寄出那封沒有寫完的信
而那時，我正在等一班長途的車
（要到什麼地方去呢？旅行手冊已經翻到最後一頁了）
一直走到黃昏，才想起
天涯就在剛才留下影子的岩石邊了

秋夜讀張繼〈楓橋夜泊〉

那晚所有的葉子都不肯落下
遲到的夢被霜凍著
頻頻更換取煖的姿勢
秋意由天霈然而降
一盞掛在眼中的燈火
竟也不肯睡去

洗清自己水中的影子
獨釣的詩人
鉤起月落的沉重　小舟無言
負載的江湖就這樣沉沒了
那晚，所有的烏鴉都不曾闔眼
所有的鐘都清醒
僧人輕咳著悠遠的寂寞

秋興

你讀著詩的時候春光已淡

流水般的綠　嘩響在你的窗蔭

你早霜的髮鬢是冰融的山澗

在激水間鷗鶄輕啼

叫晚了蜀地的歲月　臺北盆地的塵囂

飄零在酒盃深處　古老靈魂的筆

詩一般的節奏不可理喻

書寫大唐的憂愁，在秋天

每當風起，你便開始尋找

記憶與記憶以外的江湖

如今你已安適　在真皮沙發的氣味裡

琢磨六朝　翻檢唐宋

但我的詩中沒有典故　只有

記憶與記憶以外的風煙

這些該是你也記得的

雖已不再顛沛八百里浮生戰火

或逃命於饑饉後的革命樂章

但仍嗜詩　嗜用眼睛咀嚼

世人靈魂裡升起的光，暗去的火
用手擦洗冰冷的時間
乃至於鄉愁
飲盡這一盅春的鵪鵡秋的寒蛩
或者你仍偶為街上的遊行蹙眉
在社稷裡掉淚　江山，依舊
是牆壁上的日月　交響曲裡的
深淵
電子信箱有歷史給你的郵件
刪除過多的毀譽
你只賸下碧綠鮮紅的春秋
在一夜間破敗的朝服
國事在風裡
而你毋需揣測
我的詩不為誰而寫
不為誰留下滿手的秋風

退休生活

也曾像春天為枝枒那樣孕育與守護，並且散播……

也曾在紀念碑前為理想吟唱、吶喊　詩人
如今很成功地經營連鎖牛肉麵店
所有獻過花與流過淚的人
安靜吃完午餐
為一根躲在牙縫的筋肉苦惱整個下午

反覆讀一份報　年輕時也反覆而秘密讀
古拉格群島、馬克思全集
他也幾乎背叛了人民與祖國，愛情
間諜般收買了詩篇的效忠　當年
她的長髮在焚燒國旗中舞蹈
用夢打傷警察遭到拘捕
而今她是多麼善於
滷切小菜與生養子嗣，經常
感到疲倦

敲碎校園中的每一塊玻璃　用純潔的口號
擦亮每天的陽光

日安人類，日安
澎湃的進行曲中詩人幾乎
為自己點火　理想
多麼易燃（如同一根煙的下午）
易盡⋯⋯而他還是會輕哼起那首禁歌
在絕食的日子裡，饑餓並不可怕
但是自從不再革命　晚餐時間
總是很快來到

瓶中植物　二題

病中
靜默蜷曲於一泓秋裡
雲影也涼
水色適宜沉澱　聲音
之外的旋律
透明世事裡惟一模糊的夢
如果還有依稀……
三千萬煩惱的往事就讓它醒著，醒著
並且沉澱

病癒
汲著已淡了的時間
退化的味蕾無歡無愛
枯黃是不忍
遲疑後已無所謂生滅
　　（近乎小小的悲欣的瞬間）

清晨在微雨裡
細光在微雨裡

尋物啓事

15路公車後座我的昨天遺落了
帆布書包繡著龍形圖騰
便當依然溫熱油膩
蒼白的自畫素描
彷彿思考存不存在的懷疑
中國文化基本教材本不曾回答
少年維特之煩惱
三角函數運算城市的陰影
如何傾斜了塗塗改改的情詩
而那動詞時態，至今
我仍猶豫
皮夾裡沒有錢　貧瘠的身影
是駛向情愛的單程票根
鉛筆盒內藏著成人世界遞來的
第一根煙　點燃它吧！
不知給誰的悔過書
燃燒搖滾樂般的節奏，長髮
週末的西門鬧區
如有拾獲者煩請寄還

花開並蒂

昨夜雨中未撕角的舞會門票
我將趕赴積水的廢棄廣場
趕赴多年前散去的人潮
始終來不及的蒼惶
青春……

雲　遊

早課

一聲一聲，花落下來了

昨夜山寺的雨

微涼的榻上早已晴了的雲影

枇杷樹的香氣，昔日的六絃琴

石階苔色青了又青

頰邊鬚觸微泛幽光，我以為

那是必然記得的年輕

遠方的山裡，寺裡

雲裡……

遠遊的屐齒遲緩地

一聲一聲，敲著戒後的夢

而林子裡的一片清涼早已傳遍古井水聲

晚課

你為我送別的酒

是北方辣口的秋陽

高粱在黃土上熟透

清香裡是我們揚鑣的北方

而如今我已習於數算
南方五月的雨季太長
肉身腌臢　　一如彼時
夢見滿把的金銀嫵媚的婦人
且讓我低眉，含笑
　為你再誦一段　揚刀的英姿
和著雨聲靜靜落下，落下……
已化為輕煙的一段香灰

骰子曰：

．

魔鬼語錄之一：上帝用一根肋骨創造女人，吾用一根
　　　　　　　牛骨創造骰子
　　　　　　　上帝用七天創造世界，吾用一瞬決定
　　　　　　　人生

．．

我從不承諾要給你些什麼
但我堅持：你可保有
繼續做夢的權力

．．．

對於成年人的計較，我將勸告：
無常與虛空乃最近於道的生命本質
而幼小的孩子們，聽我說：
別放棄，機會永遠握在你的手中

．．．．

「藝術在於情緒與氣氛的營造，」骰子自豪說：「那就是

我。」

「但詩當保有更多反省。」

「在我的國度，每個人都是反省的聖徒。」

「美感，美感難道能被忽略？」詩人憤怒了

「朋友，傾聽宇宙純粹秩序即是詩的無盡天籟」

· · · · ·

"To be or not to be." 賭徒沉吟 "It's the question."

「與其在懷疑裡憂傷終老」

　　骰子羞怯地說：

「我願意，忠貞為你決定」

· · · · · ·

　　魔鬼語錄之二：上帝以二魚五餅餵飽世人，吾僅以一

　　　　碗三骰……

鷹架上

文明用樓塔創作一首齊腳的詩
無韻而零亂的意識寫成卡夫卡的窗景
立在最長的一行，每日
我俯視其他參差的句子
誤讀晦澀底意　欲言又止
陽性的象徵，陰性的譬喻
所有的姿態與風煙競勢向上
唉！勃起　我是如此厭倦
每天向雲間堆砌權力的秘密
然後等他倒下，在暮色裡
我總看見一條生鏽的河
穿過許多眼神，浮動著
荒涼又私密的耳語　流向海
漁撈的父親總是在彼作業
收穫一網一網文明廢棄的記憶
唯我詩裡已再不能容納的寂寞總是沉入海底
像架上的鷹被困住的夢
唉，無邊……

女鞋專櫃

各色鞋底踩住扭動的欲望
她只是穿了一雙
並不合適的夢想，窄而且硬
而男人對於那種上班婦女而言的確嫌小
讓我幫妳調整，小姐
從性感的曲線到生活的緊弛
「□□牌女鞋，讓妳選擇自在的走路方式」
而她或許只是失落了一隻童話的隱喻，太陳舊了
這個比喻，小姐
讓我為你介紹踩扁道德的新款
巴黎與米蘭的女人都穿大半號的自由
刷卡或是付現，小姐
妳有選擇自由的折扣優惠，就像民主
只是麻煩先舉起妳的腳來
投票

中港路上

離開了文學院後一邊是荒涼的城市
一邊是海　寂寞的時候總想知道
夏天為何要等到別離之後才算開始？
是誰這麼說的，小酒館裡
細細的手風琴在原木的質地裡漫無目的

曾經我們在月光的防波隄外寫下一首詩
又讓潮水將它淹去，時間
總是催促我在一則意象裡老去
文明裡一些小小的荒原有時也不經意地開滿白花

離開昨天的筆跡，潮聲留在風裡乾涸
梔子色的少年是一把細沙在張開的手裡
若即若離的夢是悲傷還是喜悅？
打開車窗，夏天
輕易佔滿身旁所有的位子
一首寂寞的歌用口哨吹遍，旅程
為何總是想起這些零落
而不被理解的詩……

鄭成功

十七世紀的國史腐朽如
蠹魚啃食下的史冊
江山空洞，只賸下疲憊的野心
無盡的殺戮

那漂泊七海的青年眉宇濃鬱
在石頭旁降生的混血男孩
企圖用浪濤洗鍊出來的意志
改變歷史天枰上的傾斜　鄭成功
他就是用一柄劍
抵擋異族的千軍萬馬　用一生
寫完一個典範的
民族英雄

三十門大砲的注視下
熱蘭遮城外的大官國姓爺從容地規劃
屯墾的事業
熱帶的島上夏風習習
荷蘭人的帆船消失在海平面上，臺灣

英雄在心中默唸　臺灣
一方珍貴的樂土
又被歷史安排進了華夏的懷抱

隔海的對峙讓多變的洋流　嶔磊的岩岸
也顯得單調而鬱悶
熱代的島上夏風習習
救國事業
埋藏了一個英雄
他的忠愛、憂勞、剛戾與鄉思
乃至於他的軀體
惟靈魂在這片土地上不朽
默默地注視
春耕夏耘的世世代代

他也曾輕輕喟嘆
歷史，呵……就像訓練有素的艦隊
迷失於風雨
燻烤鹿肉的糜香那樣
令人垂涎
他也曾輕輕喟嘆
熱帶的島上夏風習習

佇劍小立突感茫然的那一剎那
唯祭祀的香煙彷彿訴說
一個開臺英雄
永恆的偉大　真實的

平凡

捷運龍山寺站

文明的列車穿越新舊世紀
老婦人挽香籃的背影走進蒼茫
曾經這樣輝煌的一頁
就在晨昏梵唱裡逐字老去，落成
一爐爐灰　滿院殘照
只有潮水低語仍舊，問百年風帆
載來繁華還是載去寂寞？
而泛黃的籤詩沒有解人
迴廊下秋風吹散晚鐘
菩薩微笑
闔眼聽完所有人間故事……

兩人一天

只是收拾春山冬海的過去
看日子捲走鏡裡的人
一片飛花……清歌
火後為雪　雪後為泥
我們的愛不過是　窗邊
微微晚風

學　徒

你問我最滿意的作品……

0.
而我始終沒有完成

1.
瞑暗的火車像一場搖晃的夢
家鄉與童年在窗外跑遠
漏洞的口袋玻璃珠七彩跌落，滾向
師傅陰鬱的腳邊，最早學會
捱打　在汗水與傷痕中懂事
生命是塊頑鐵

2.
買菜，灑掃，倒夜壺
是雕刻外的必修學程
而夜裡我愛磨刀　窸窸窣窣
像秋雨打落在寂寞青春窗外的苦楝樹
才半年我已熟諳各種刀法，技巧

矮小的日本觀光客吃驚於
隨手雕畫的空間感受與流暢線條
雖仍略顯生澀，但我也懂
夜飯後為抽煙的師傅沏一盞濃茶
並幻想一刀切斷他脖子上凸出的淡藍靜脈

3.
師傅沉默，師娘沉默，我也
沉默　滿屋子鋸磨刨銼釘
而春日裡桃樹的花朵太艷，太艷
襯著雨後滿天子藍
十一歲師傅的獨生女
愛穿花布衣裳，大聲唱歌
央我糊一個蝴蝶風箏
我在角落流淚　那是送我學藝的路上
媽媽最後為我唱著的歌……

4.
我的卑瑣，無知
注定只配在夜裡自瀆　只能在
下雨的黃昏去女學堂送一把傘
再陪她走過將暗未暗

桂葉香滿的長長巷弄
遠處微光的屋簷雨落
二胡低語著夜的幽柔
曾經我們幾乎交換了
眼神，但卻不曾說話

彼時我的大器黯然消磨於複製平凡的神像
甘於屈服成為一個匠人的安排
直到她十七歲油行老闆上門提親

5.
每晚透穿油黃窗紙的嘆息雕我如刀
而我專注於嘗試新刻觀音　（守護苦難的慈悲呵）
孤燈，古風新技在我獨創的奇想間匯成一道光河
普渡一絲深邃的悔恨與痛　生動的憂傷
我指間流瀉出夢中姿勢與面容極近於感動而莫以名之——

（啊！藝術……）

目不識丁的我幾乎認識了
燙金的「囍」字

6.

　　生命乃是在巔峰與谷底間玩笑的過程

是四月初七吧！　鈸鐃擊打著手中斧鎚的節奏
嗩吶簇擁花轎在鞭炮聲中漸漸走遠
一杯師娘賞的喜酒　我在空了的廠房中流汗
筋肉閃亮黏滿削末　一刀一刀不能自已如新郎
雙手顫抖我終於扯下宿命的衣裳並與之交合，剎那
我流淚完成　且傳遞
我已是虛空了的生命
酒意十分的師傅蹣跚歸來，驚見
跪倒　頂禮膜拜
他琢磨了一生而我已近乎完成的信仰
垂淚的觀音　竟是她低眉的面容
（但守護苦難的慈悲啊，勿為我垂淚）

　　　從此不以師徒相稱

7.

　　但我仍是個學徒

向宿命不斷探索藝術乃至於人生的奧義

學習諸神創作我的悲愴以創作諸神
但我又如何能超越生命那尚未完成的部分？

　　　你問我最滿意的作品

是了，我一度幾乎接近
但始終沒有
完成

墾丁的海

一、史前

潮浪總是反覆問著相同的話
對陸地唸一首多情的詩
喃喃像祖靈或漁汛的呼喚
到海上去，乘著月下剛剛雕好的木舟
尋找一條藍色的路，往深海
捕撈一季成熟的洋流
風雨還不知道自己將沉積
在一片頁岩的紋路裡等待勘採，一萬年後
一萬年前，那時的島嶼就像一枚發光的貝殼
引來一串好奇的足跡：有些
走失在語言學家分析音位的譜系裡，有些
就在熱帶旋風的狂怒中化為海魚
斷崖下的神廟至今有呂宋島的刀契
許多文明，在潮浪的低語間睡去
夢見海魚輕輕的吻，等待
下一次的文明，下一次的潮起
誰將寫下一首海洋的詩，在墾丁
那時，潮浪應該還是反覆說著相同的話語

二、如今

珊瑚在月下產卵的時候
我是在熱帶暈眩的漂流木，小酒館
將熱夜冰成一杯海水的藍
那個長髮女子的貝殼項鍊
拆開來該是多麼遙遠的偶然？

據說她用海水寫過許多信
那應該都是深藍色的情書吧！
一些庸俗的音樂把墾丁從少年
染成中年寂寞的灰藍色
她撥動琴弦，老去的水手說
大海在今夜要為誰哭泣

我不管，再來一杯墾丁之夜
被曬傷的背脊月下是鯨的溫柔　　廣袤
那應該就是南境之南了
她說只要沿著浪走，就能找到
荒廢的海神之廟
旅人總是眷戀一些傳說一些偶然
而悲湧的海水，為何
總是對無情的陸地說著相同的話

三、以後

樹木仍然依照四季生長，海岸線
仍然對旅人彈奏破碎的情歌
在異地的海岸公路邊總會想起那時騷動的夏夜
誰說海總是連著海，生命
總會留下蹤跡？

如果我醉了請你仍為我唱湛藍的歌
如果我找到一片冰冷的水域，那我將寫下
長長的詩懷念熱帶，橙色的魚群
闊葉林在欲雨的午後翻動，許多年後
總有一些無以言之的意象觸動詩的念想
海的印象總是風沙，墾丁灣域
就在一些不經意裡將旅人的膚色
藍成滿身漂流木的傷痕

大安森林公園憶舊居

花前幾度問東風，
故宅今尋第幾叢？
綠柳駝腰迎舊主，
蒼松把臂話新紅。
笙歌遍地青春晚，
燈影誰家往事空。
回首芳園還寄語：
人間好夢莫匆匆。

題慈湖

老病還悲八月槎，
漫漫往事恨無涯。
江山幾歲哀鵑夢，
兵甲何方易水笳？
武帝龍媒汗似血，
安期鉛藥棄如瓜。
如今一笑清秋裡，
誰是僧人誰是花。

初春山晚即事

劫後他年獨看山，
蓬蓬生意若清閒。
鶯聲淺綠繁華裡，
人境殷紅晚照間。
不盡韶光驚物美，

無邊春色忤時艱。
迷途欲問漁舟誌，
更向雲深不復還。

國父史蹟館題詠

小院青春撫歲華，
飛鴻指爪枉天涯。
干戈舉國勞心事，
又付窗前幾載花？

註：「國父史蹟館」位在中山北路，市民大道口。乃民國前十二年之日
　　式旅館「梅敷屋」改建。　國父曾於民國二年八月下榻於此，並為
　　旅館主人大和宗吉題「博愛」二字，現亦展於館中。

題窗前紅白茶

豔紅簇發占陽臺，
春色悠悠昨夜回。
綠黛朱唇輕語我，
生涯祇管對新醅。

玉貌青衣含笑來，
一枝獨占小園開。
東風又作花前客，
始知春色更相催。

晚秋登樓

海客煙波話島洲，
臨風欲上最高樓。
臥雲誰念人間冷，
問月應懷玉宇愁。

舉目千峰溶濁水，
憑欄一劍想清流。
群賢墓草天涯色，
記否蕭蕭故國秋。

無　題

欲辨人間潔與污
欲求真理有還無
仙銅遙指經行處
莽莽蒼生鍊一壺

題塯公圳原址碑

此處誰家瀆？殘碑滿夕陽。
江田餘鳥字，事業化蜂房。

苔綠春深盡，車馳世有常。
新生名舊蹟，無語自懷傷。

註：瑠公圳，乃福建漳州郭錫瑠先生爲灌溉臺北，乃變賣家產，獨資鑿
　　渠建壩，引新店溪與青潭溪水於今日公館、羅斯福路、新生南、北
　　路一帶，於清乾隆五年動工，乾隆廿七年完工，於是荒地千畝，皆
　　成耕田。後因都市人口激增，產業結構改變，遂填作道路平地，原
　　圳流域成爲交通與商業要衝，僅於新生南路，臺灣大學側門立一黑
　　石碑，碑題「瑠公圳原址」，以爲紀念郭先生一生福國利民之水利
　　事業。今日壟畝皆已不見，僅碑後有數百字載郭公鑿渠灌田之事，
　　而當時之水利，今成千門萬戶之住商區。此碑立於新生南路上，新
　　生南路建於六十年代，是臺北較晚築成之市區道路，取名「新
　　生」，乃有「新建」之意，而古渠道之清波綠茵則不復存矣。

讀唐寅逸詩

〈其一〉

筆涵清墨寫流霜，
夢盡江南亦斷腸。
曉竹餘風寒酒意，
晚春濃雨暖花香。

殘壺偶對斜陽外，
彩筆初揮碧水長。
野渡橫舟煙靄處，
林深不見按清商。

〈其二〉

洗耳泉聲白石疏，
松風晚照課窗虛。
酒邊明月因人醉，
籬下錦葵帶露鋤。
憐菊幽居琴獨抱，
驚秋忽看雁新書。
悠然紙上忘機處，
漫取枯籐結草廬。

竹子湖花田

寂寂山陰白鷺飛，
路轉溪橋雨點稀。

黃泥小徑遊人亂，
綠樹良田戲蝶肥。
滄海已經三度變，
千金能買幾春歸。
未妨暫醉深紅裡，
莫學花前論是非。

登政大後山

枯藤掛樹舞娟娟，
拾級登臨愛曠然。
看盡青山無主冢，
栽成碧海養蠶田。
早霜紅葉盈秋水，
向晚閒雲慕野煙。
借得劉伶三碗酒，
澆人塊壘幾千年。

山　居

〈其一〉

人間清瘦處，嶺上白雲天。
挹露醅新酒，邀風入野筵。
晨鐘清澗漱，暮雨古松眠。
葉滿深紅徑，寒山又一年。

〈其二〉

雲間翠谷好終年，
竹雨松風亦豁然。
欲買殘身留此夢，
紅霞肯愛換青錢。

暮　歸

石徑苔深映晚霞
青山盡處倚人家

寒煙一縷誰歸去
晚瀨蒼松遍翠華

夏　午

微風靜影悶深園，
睏眼開書久不翻。
香篆滯甜縈夢枕，
鄰家喧語近黃昏。

讀　杜

麒麟已獲聖賢悲，
吟斷江山志業垂。
老病無關詩與酒，
窮愁合是命兼時。

曾將熱淚悲青阪，
欲對寒江憶渼陂。
莫笑江湖宜水夢，
他年獻賦動京師。

種　竹

紗窗有待展風吟，
好鳥群來伴瑟音；
早送清涼招暮雨，
鋤荒植節羨無心。

黃　昏

高樓遠眺夕陽斜，
倏起清風舞落花；
颯爽東軒乘快意，
輕隨禦寇到仙家。

試　茶

愛學逃禪不守持，
烹茶借火問東籬。
浮沉兩忘清泉裡，
任寄微身信美時。

雨　後

殘雷隱隱暗邊城，
節近梅黃暑意輕。
萬里江潮近水夜，
千家夢裡覺蟲聲。

感　事

少小離家絕故音，
風塵萬里作悲吟。
端陽對酒常思客，
重九登高獨插襟。
遍覽江山驚白首，
空歸梓里怯雄心。
孤帆社櫟長相送，
老淚明朝落葉深。

茶　亭

鳥道煙輕轉石梁，
茅簷低小竹籬蒼。
茶爐犬睡秋山靜，
藥鼎雲生晝夢香。
客倚窗聽松子落，
棋爭手點石盤涼。
傳杯豈必學山簡，
一盞清泉向陸郎。

秋　菊

晚秋顏色薦佳賓，
煮酒東籬洗濁塵。
但願磋跎清夢裡，
只緣身是枕中人。

春日登樓

萬國風煙眼底開，
江天咫尺向樓臺。
白雲寂寞青山外，
春水悠然碧海回。
日月沉浮流景色，
乾坤動轉起塵埃。
帝家金闕生民事，
滿目滄涼破暮來。

山　寺

千秋世事白雲封，
客跡遲遲靜幾重。
曲徑從來通水月，
蒼鐘向晚到巔峰。
香薰畫壁猶初省，

燭滅枯禪似未逢。
且看紅塵三萬里，
闌珊燈火是殘冬。

題新居

斜陽樓外遠，巷窄落花多。
野鳥相追去，蒼蒼老樹駝。

雨中口占二絕

〈其一〉
天上人間處，紅肥綠瘦時。
呢喃歸小院，聽雨詠新詩

〈其二〉

一夕春雷動，天光驟雨清。
虛窗著月色，小閣得蛙聲

秋　荷

最是多情頻照影，
人間幾度夢痕長。
秋光不許身飛去，
還予清泉一瓣香。

納　涼

殷憂國策老文章，
不敵田家興味長。
投筆種瓜兼種豆，

黜官貪靜更貪涼。
詩成酒漉歡今夕，
日落雲飛駐魯陽。
欲問人間忙底事？
稻香風晚説荒唐。

題釣隱圖

蘆花蕩裡老翁孤，
綠竹簑衣釣碧鱸。
白鷺時時回首問，
明朝風起欲歸無。

植樹節

煙花綠柳為佳辰，
可惜流年已委淪。
冷落衣冠今日事，
依稀歌曲昔時人。
豈無唐土栽新種，
但有胡僧話劫塵。
愁對清樽須盡醉，
青山白髮忤芳春。

初春遊士林官邸　二首

〈其一〉

昨夜江山雨帶風，
今朝夢覺亦鴻濛。
雲天不散窮途恨，
子弟多成白髮翁。

宅第遊人應眼亂，
朝廷說客未辭窮。
新亭尚有千秋淚，
無復當年一小童。

〈其二〉

霸業鴻圖碧夢埋，
棲遲海角更天涯。
蜩螗國事終應悔，
錦繡花期未有乖。
一代紅潮淹鐵甲，
千門綠樹鎖金牌。
兒童不問英雄業，
老父殷勤柳與槐。

舟中曉望

雲澗曙色動江天，
小立輕舟向逝水。
曉瀨何方送秋雨，
空林幾處起寒煙。
經年素約空花下，
昨夜哀鴻到酒邊。
已是波心老詞客，
沈吟歸夢付詩篇。

花開並蒂

國家圖書館出版品預行編目資料

花開並蒂／周策縱等著. -- 初版. -- 臺北市：
萬卷樓, 2009.02
　面；　　　公分
ISBN 978－957－739－645－7 (平裝)

831.8　　　　　　　　　98001533

花開並蒂

著　　　者：周策縱　王潤華　徐世澤　邱燮友　胡爾泰　徐國能
發　行　人：陳滿銘
出　版　者：萬卷樓圖書股份有限公司
　　　　　　臺北市羅斯福路二段 41 號 6 樓之 3
　　　　　　電話(02)23216565‧23952992
　　　　　　傳真(02)23944113
　　　　　　劃撥帳號 15624015
出版登記證：新聞局局版臺業字第 5655 號
網　　　址：http://www.wanjuan.com.tw
E － mail：wanjuan@tpts5.seed.net.tw
承 印 廠 商：中茂分色製版印刷事業股份有限公司
定　　　價：400 元
出 版 日 期：2009 年 3 月初版

ISBN 978－957－739－645－7